Manfred Bornemann · Mit der Brockenbahn in den Harz

Manfred Bornemann

Mit der Brockenbahn in den Harz

47 Abbildungen, Tafeln und Karten

Ed. Piepersche Verlagsanstalt
Clausthal-Zellerfeld

Titelbild

Personenzug mit einer schweren Mallet-Lokomotive der Gattung K 66 und der Betriebsnummer 31 der Nordhausen-Wernigeroder Eisenbahn-Gesellschaft auf der Fahrt zum Brocken im Sommer 1912. Nach einem 1984 entstandenen Ölgemälde von Matthias Bornemann, Hamburg.

CIP-Kurztitelaufnahme der Deutschen Bibliothek

Bornemann, Manfred:
Mit der Brockenbahn in den Harz /
Manfred Bornemann. – Clausthal-Zellerfeld:
Pieper, 1985.
ISBN 3-923605-23-4

Satz und Druck: Ed. Piepersche Druckerei, Clausthal-Zellerfeld
Bindearbeit: Hubert & Co., Göttingen
Printed in Germany

Brockengeheimnisse

Deutsche aus Ost und West blicken zum Brocken hinauf. Vorbei sind die großen Zeiten, da man hinaufwandern konnte, vorbei das Beisammensein ausgelassener Menschen auf dem Gipfel, vorbei das Feiern im Brockenhotel.
Seitdem man den höchsten Berg des Harzes militärisch abgeschirmt hat, gibt es dort oben keine Besucher mehr, keine Fotos vom Brocken, keine Gedanken, die beim Durchwandern von Brockenmoor und Brockenfels und beim Verweilen in Himmelsnähe niedergeschrieben werden, keine Brockenliteratur. Was uns heute an Nachrichten von oben noch erreicht, sind Wetterberichte.
Der Brocken nahm früher in der Harzliteratur eine beherrschende Stellung ein. Darüber hinaus haben Natur und Sage des Berges große Dichter, die ihn bestiegen haben, angeregt. Was in der Grenzenlosigkeit der Brockenlandschaft erlebt, gefühlt, geahnt wurde, ist in die deutsche Dichtung eingebracht worden von Johann Wolfgang von Goethe, Joseph von Eichendorff, Heinrich Heine, Wilhelm Raabe, Hermann Löns und von anderen. Der Grenzenlosigkeit sind heute schreckliche Grenzen gesetzt.
Eichendorff konnte 1805 niederschreiben: „Betäubt von dem zauberischen Märchen unserer Umgebungen erreichten wir endlich gegen Abend das große neue Brockenhaus, das wir aber nicht eher erblickten, bis wir davor standen. Wie bequem und wohltätig diese vom Grafen Stolberg-Wernigerode bloß für die unzähligen Brockenbesucher erbaute Auberge ist, kann nur ein Brockenwallfahrer verstehen." Wer wollte eine solche Laudatio noch auf die heutigen Herren des Berges abgeben?
Seit nunmehr 25 Jahren werden Harzbewohner und Harzbesucher vom Brocken ferngehalten und damit ihre Wünsche, Sehnsüchte, Hoffnungen unterdrückt. Der weithin sichtbare und heute doch so leicht zu erreichende Berg hat damit wieder den Nimbus erhalten, der ihm im Mittelalter anhaftete, da ihn Urwald und teuflische Sagen unnahbar machten. Heute wie damals umgeben Brockengeheimnisse den Zauberberg.
Das ist Grund genug, die wechselvolle Geschichte zu schreiben, auf die Brocken und Brockenbahn zurückblicken können. Um so mehr erscheint dies gerechtfertigt, als das Erscheinen des letzten Brockenbuches 30 Jahre zurückliegt und Friedrich Dennert darin der neuzeitlichen Entwicklung nur wenig Raum widmen konnte. Das trifft vor allem für die Brockenbahn zu, mit der damals Tausende durch die urwüchsige Bergwelt bis auf die höchste Erhebung des Harzes gefahren sind.

Inhaltsübersicht

Entwicklung bis 1899

Der Brocken als der höchste Berg in einem Umkreis von 200 Kilometern hat seit alten Zeiten auf die Menschen in dem einen oder anderen Sinne gewirkt. Da sind immer wieder Menschen aufgebrochen, die den Brocken zum Ziel ihrer Reise gemacht haben. Es hat aber auch Ängstliche gegeben, die sich nie hinaufgewagt haben. Doch je aufgeklärter sich die Welt gab, desto mehr kamen. Für viele Harzer war es Ehrensache, den höchsten Berg der Heimat bestiegen zu haben, hinauf und herunter gewandert zu sein.

Vater Brocken hat Kaiser und Könige, Edelleute, Dichter, Wissenschaftler, Soldaten, Kaufleute, Handwerker, Studenten, Tagelöhner und Vagabunden zu Gast gehabt. Man brauchte ja keine Permisse, keine Referenz eines adligen Herrn und keinen Passierschein. Die Grafen und Fürsten zu Stolberg-Wernigerode, jahrhundertelang die Herren des Brockens, förderten den Fremdenverkehr, und ihre Pächter, die Brockenwirte, waren aufmerksame Gastgeber.

Wer den steinigen Weg hinauf scheute oder die Kraft für den stundenlangen Aufstieg nicht hatte, der konnte sich im vorigen Jahrhundert ein Reittier oder einen Wagen mieten. Doch das kostete mehr Geld als ein Tagelöhner in einer Woche verdienten konnte und war den Herrschaften vorbehalten. Erst der Linienverkehr mit pferdebespannten Omnibussen und danach die Brockenbahn haben die Fahrt hinauf für viele erschwinglich gemacht. So hat das Industriezeitalter mit seinem Segen auch das Brockengebiet bedacht.

In den Jahren 1869–1872 ließ Graf Otto zu Stolberg-Wernigerode über Hasserode und das Wegehaus Drei-Annen die Hagenstraße nach Schierke bauen. Als Wernigerode 1872 Bahnstation wurde, reiste die vornehme Gesellschaft in einem halben Tag aus den Großstädten an und erwartete eine Verbindung von der Stadt am Fuße der Berge bis vor das Brockenhaus. Und so fuhren im Sommer zweimal täglich „Brocken-Omnibusse“ über die Hagenstraße, um 6 Uhr früh und um 2 Uhr nachmittags ab Wernigerode. Zwölf Jahre später wurde die Eisenbahn weitergeführt bis Ilsenburg und von dort ebenfalls eine Omnibusverbindung zum Brocken eingerichtet. Am 1. Juni 1886 fuhren die ersten Züge der Halberstadt-Blankenburger Eisenbahn durch das Bodetal bis Rothehütte im Harz. Die Eisenbahn-Gesellschaft nannte den vorläufigen Endpunkt ihrer Harz-Zahnradbahn „Rothehütte-Brocken“. Vom 1. Juli 1886 an ließ sie von dieser Station einmal täglich einen „Eisenbahn-Omnibus“ zum Brocken verkehren. Die Bahn wurde am 15. Oktober 1886 bis Tanne verlängert. „Rothehütte-Brocken“ wurde später in „Rothehütte-Königshof“ umbenannt.

Wie lohnend der Verkehr auf der Brockenlinie gewesen ist, läßt sich daran erkennen, daß von 1892 an die Eisenbahn-Gesellschaft noch eine zweite Omnibuslinie von Elbingerode nach dem Brocken führte. In Meyers Reisebücher „Der Harz“ aus dem Jahr 1895 finden sich darüber folgende Angaben:

„Von Elbingerode 21 km gute Fahrstraße über die Signalfichte ud Schierke bis auf den Brocken. Von Station Elbingerode fahren im Anschluß an die Harzbahn täglich zweimal Omnibusse in viereinhalb Stunden auf den Brocken, Preis 3 Mark, zurück 2 Mark, hin und zurück 5 Mark. Die Bahnverwaltung garantiert unbedingte Personenbeförderung. Die Billets können schon in Halberstadt oder in Blankenburg gelöst werden, auch ist diese Omnibusfahrt in den Verkehr der Rundreisebillets aufgenommen.
Von Rothehütte 18 km vortreffliche Fahrstraße über Mandelholz, Elend und Schierke. Von Station Rothehütte täglich einmal Omnibus im Anschluß an die Harzbahn in vier Stunden auf den Brocken. Preis wie von Elbingerode.
Privatwagen (Zweispänner) von Elbingerode oder Rothehütte auf den Brocken 15 bis 20 Mark.“

Nachdem Ilsenburg 1884 Eisenbahnstation geworden war, ging Ende der achtziger Jahre der Reiseverkehr über Wernigerode nach dem Brocken zurück. Von Wernigerode fuhr nur noch einmal täglich der Brocken-Omnibus, von Ilsenburg dagegen zweimal täglich, dauerte doch die Fahrt durchs Ilsetal auf der 15 km langen Fahrstraße zum Brocken nur 3 Stunden und 45 Minuten. Manch einer, der viel sehen wollte, fuhr auf dieser Route hinauf und über Schierke nach Wernigerode oder Elbingerode zurück. Man konnte auch den umgekehrten Weg nehmen oder über Harzburg anreisen.
Da von Harzburg keine direkte Fahrstraße hinaufführte, benutzte man von diesem Ausgangspunkt gern Reittiere. Am Bahnhof Harzburg standen zu der Zeit außer den Fuhrwerken 30 bis 40 Maultiere oder Esel den Reisenden zur Verfügung. Eine Anekdote ist vor hundert Jahren viel erzählt und auch niedergeschrieben worden:
Da wollte eine Herrengesellschaft aus Braunschweig auf den Brocken reisen und bestellte bei einem Harzburger Reittierhalter telegrafisch 20 Esel. Der tüchtige Geschäftsmann telegrafierte zurück: „Wenn die Herren kommen, sind die Esel da!“
Vier Omnibusse kamen im Sommer täglich von drei Bahnstationen nach Schierke und sechs trafen täglich von vier Bahnstationen auf dem Brocken ein. Dann waren da noch die vielen Mietwagen und Reittiere, die nicht billig waren und manch wohlhabenden und anspruchsvollen Gast nach oben brachten. Wer auf den Pfennig sehen mußte, kam auf Schusters Rappen angereist.

Schierke verdankt den Omnibuslinien seinen atemberaubenden Aufstieg vom Arbeiterdorf zum weltbekannten Kurort. Wo Unterkünfte für die vornehme Gesellschaft im Brockengebiet gebaut wurden, da ließ sich ein gutes Geschäft machen. Den seit Jahrzehnten unter der Arbeitslosigkeit leidenden Schierkern wars nur recht, wenn sich finanzkräftige Großstädter im Ort ansiedelten. Und dem Fürsten unten in Wernigerode auch. Viele Schierker hatten nach dem Eingehen der Eisenhütte auswandern müssen. Die anderen blieben in Armut in ihrer Heimat unterm Brocken zurück. 564 Einwohner hatte Schierke im Jahr 1841, aber nur noch 368

im Jahr 1875. Fräulein Bertha Reisland aus Leipzig bezog 1887 als erste Fremde in dem „einsamen und armseligen Brockendörfchen“ ein neuerbautes Heim. Und es kamen Jahr für Jahr Hotels, Erholungsheime und prächtige Villen dazu.
Wer in einem Tag mit Bahn und Omnibus ins Brockengebiet reiste, der erwartete am Zielort denselben Komfort wie daheim in Berlin, Hamburg, Leipzig, Hannover oder Magdeburg: behagliche Räume, erlesene Speisen und Getränke, Post-, Telegrafen- und Telefonverbindungen.
Von 1875 bis 1895, zur Zeit des Linienverkehrs mit Omnibussen, war Gustav Schwanecke Pächter des Brockenhauses. Während seiner Pachtzeit wurde das zweigeschossige Brockenhaus um ein Stockwerk erhöht (1881) und durch Anbauten vergrößert: 1873 entstand ein Restaurationssaal, 1889 ein großer Speisesaal auf der Südwestseite und 1896 ein weiterer Restaurationssaal auf der Südseite des Hauses.
In den siebziger Jahren standen den Besuchern im Brockenhaus 100 Betten zur Verfügung. Nach den Bauarbeiten im Jahr 1881 war die Anzahl der Betten auf 130 angestiegen. Ein Bett in der 1. und 2. Etage kostete pro Nacht 3,– Mark, in der 3. Etage 2,50 Mark. Außerdem konnte man ein Nachtlager (Matratze und Decke) für 1,– Mark auf dem Bodenraum über der 3. Etage erhalten. In der Hauptreisezeit wurde es sogar in dem Massenquartier unter dem Dach recht eng. Darum wurde vor Aufnahme der Omnibusverbindung Elbingerode-Brocken im Jahr 1892 noch einmal angebaut und die Zahl der Betten auf 150 erhöht.
Doch Jahr um Jahr kamen mehr Besucher. Brockenwirt Brüning, der das Haus 1895 gepachtet hatte, sah sich schon 1897 genötigt, das große Hotel bedeutend zu erweitern. Mit 200 Betten in 60 Zimmern glaubte man angesichts des Bahnbaus den im neuen Jahrhundert zu erwartenden Besucherstrom gerecht werden zu können. 25 Jahre Linienverkehr mit Omnibussen hatten eine gewaltige Aufwärtsentwicklung bewirkt, wie sie kaum einer der vielen Kurorte im Harz aufzuweisen hatte!
Der Wunsch der vielen Brockenbesucher, Kartengrüße abzusenden, führte dazu, daß das Brockenhaus 1888 eine Poststelle erhielt. Die Poststelle war nur im Sommer geöffnet. Briefe und Karten wurden im Brockenhaus gestempelt und mit den Omnibussen bis zur nächsten Bahnstation befördert.
Eine Flut von Ansichtskarten ging nun hinaus in alle Welt. Die meisten Karten zeigten das Brockenhotel mit dem Aussichtsturm, von Süden, von Osten, von Nordosten, im Sommer, im Winter, zu Weihnachten. Es wurden aber auch Karten angeboten mit Zeichnungen, verziert mit Brockenblumen, Auerwild und einem Vers wie diesen:

Hoch von des Harzwalds höchster Höh‘,
Die Welt zu meinen Füßen,
Vom Brocken, aus des Himmels Näh‘,
Will ich dich freundlich grüßen.

Griebens „Praktisches Handbuch für Reisende" für das Jahr 1890 wies die Harzbesucher auf folgendes hin:
„Das Brockenhaus hat Telegraphen- und Post-Agentur. Brocken-Postkarten sind in verschiedenster Ausführung zu 10 Pf. (mit Marke) zu haben und finden großen Umsatz."
Erst im Jahr 1898, als das Brockenhaus mit 200 Gästebetten Brockenhotel genannt wurde, erhielt das Hotel ein Postamt, das das ganze Jahr über geöffnet war. Im Winter, wenn der Linienverkehr ruhte, wurde die Post durch Boten nach Schierke gebracht, von dort kam auch die Post herauf. Selbst bei tiefstem Schnee wußte man sich irgendwie zu helfen und hielt die Postverbindung aufrecht. Zeitweise setzte man sogar Bernhardinerhunde zur Postbeförderung zwischen Schierke und dem Brocken ein. Denn auch im Winter hatte der Brocken Gäste, sogar Stammgäste. Im Jahr 1888 wurde die Silvester-Gemeinde, die älteste der Brockengemeinden gegründet. Wer bei heiterer Geselligkeit in den gastlichen Räumen des Brockenhauses den Jahreswechsel feiern wollte und den Aufstieg durch die Winterherrlichkeit nicht scheute, konnte Eingang in diese exklusive Gemeinschaft finden. Und als der Wintersport immer mehr Freunde fand, kamen gegen Ende des Jahrhunderts Schneeschuhläufer in großer Zahl auf den Brocken.
Aus den neunziger Jahren des vorigen Jahrhunderts sind noch einige Einrichtungen zu nennen, die das Antlitz der Brockenkuppe wesentlich mitgestaltet haben. Dies sind der 1890 südlich vom Brockenhaus als Versuchsfeld des Botanischen Gartens der Universität Göttingen angelegte Alpenpflanzengarten, der 1891/92 aus Granit erbaute runde 21 m hohe Aussichtsturm und das 1895 auf der Nordseite an das Brockenhaus angebaute Königliche Meteorologische Observatorium, das in drei Stockwerken Wohnzimmer, Arbeitszimmer und einen Beobachtungsraum sowie eine „englische Hütte" auf dem flachen Dach für Messungen erhielt. Schließlich ist noch der im Jahr 1898 gebaute Bahnhof Brocken zu nennen, mit dessen Inbetriebnahme ein neuer Abschnitt in der Geschichte der Brockenreisen eingeleitet wurde.

Bahnbetrieb 1899 – 1944

Um die Jahrhundertwende schrieb Eduard Jacobs, der von 1866 bis 1917 als Archivrat die Fürstliche Bibliothek und das Fürstliche Archiv in Wernigerode verwaltete, über die Brockenbahn:

„Vom Ende des vorigen Jahrhunderts an hat der Brockenbesuch eine ganz neue Gestalt gewonnen; in langen Zügen strebts hinauf, wie bei einer kleinen Völkerwanderung, aber nicht zu Pferde, zu Fuß oder, wie es längere Zeit Brauch war, auf Mauleseln, sondern unmittelbar aus der dicht besiedelten Ebene dringt das Dampfroß in den Bergwald, windet sich, kühn emporsteigend, in vielen Bogen durch das Gebirge an steilen Hängen und durch Felseinschnitte, endlich durch Hochmoore. Wie auf sanftem Schlummerpfühl wird der Fahrgast bei stetem Wechsel der Landschaft zum Scheitel des Gebirges emporgeführt; wie ein Traumbild entfaltet sich vor seinen Augen die großartige Gebirgslandschaft auf der letzten Wegstrecke. Nicht nur der kräftige Jüngling und Mann, auch der Schwache und Erholungsuchende kann nun die gesunde Höhenluft und die Schönheiten der Gebirgslandschaft genießen. Daneben findet aber der rüstige frohe Wandersmann Gelegenheit genug, mit seinem Wanderstabe durch die grünen Waldtäler und auf steilen Bergpfaden hinaufzuklimmen und seine Kraft zu stählen."

Vorangegangen waren jahrelange Planungen, Verhandlungen, Vermessungen, Arbeiten an Hängen, Brücken und im Fels, aber auch die Warnungen und Befürchtungen der Naturschützer ob der Technik, die da nach dem gekrönten Haupte des Harzes greifen wollte.
Hans Hoffmann hat das Für und Wider um den Bahnbau im Brockengebiet von Wernigerode aus verfolgt und uns ein Resümee dieser Entwicklung in bestechender Sprache und Ausgewogenheit überliefert:

„Sie ist freilich ein Kind des Streites gewesen, diese Bahn, und es ist ihr nicht leicht geworden, sich ins Leben zu ringen. Nicht bloß die Gelehrten der Börse und der Stadtverwaltungen waren sich uneins darüber, ob sie ihre finanzielle Daseinsberechtigung werde nachweisen können oder nicht, auch die Naturfreunde und Harzwanderer standen ihr zwiespältig und zweifelnd gegenüber. Ist es zu billigen, so fragte man mißmutig, daß der grelle Pfiff und das mißtönige Rasseln den Frieden der Natur störe und in jungfräuliche Waldheimlichkeiten das lärmvolle Hasten des gemeinen Welttreibens hineindränge? Ist es nicht ganz abscheulich, sogar dem erhabenen Haupte des Vater Brocken höchstselbst den eisernen Reif um den geweihten Scheitel zu legen? Darf der prosaische Schienenstrang die poesiegeweihte ‚Gegend von Schierke und Elend' verunzieren? Soll künftig das kräftige ‚Wie sie schnarchen, wie sie blasen!' nicht mehr auf die ‚langen Felsennasen', sondern auf das allübertönende Pusten und Fauchen der stöhnenden Berglokomotiven bezogen werden?

Und werden die hurtigen Besenstiele der Hexen die Konkurrenz mit der Dampfkraft bestehen können? Oder wird man zu Walpurgis dem luftigen Gesindel einen Mitternachtszug zur Verfügung stellen? Ist das dann noch der Berg, ‚den mit Geisterreihen kränzten ahnende Völker'? Welch ein Greuel muß es sein, wenn erst an jedem schönen Tage die überfüllten Bahnzüge den zappelnden Reisepöbel auf die ernste Brockenkuppe speien! Verdient der überhaupt die Schönheit der Berge zu genießen, der sie nicht im Schweiße seines Angesichts ringend sich erobert hat?
Nun, das hat wohl alles seine Wahrheit. Nur reicht die Wahrheit nicht allzuweit. Der rechte Gebirgswanderer braucht noch lange nicht aus dem Harze zu verschwinden: der Harz ist groß genug, den fadendünnen Querstrich über seinen Rücken vertragen zu können. Es gibt noch grundeinsame Täler wie Höhen in Hülle und Fülle, und vielleicht wird gerade die Eisenbahn, die Masse an sich lokkend, solche noch einsamer machen.
Und dann, was die Hauptsache scheint: jene beglückende jungfräuliche Einsamkeit gab es gerade auf der von der Eisenbahn durchgemessenen Strecke schon lange nicht mehr! Die Lokomotive konnte da mit aller Anstrengung gar nichts mehr schlimmer machen. Wer den früheren Wagen- und Omnibusverkehr mit seinem Staub und Unrat an schönen Sommersonntagen auf den Brockenstraßen und auf der Kuppe kennt, wer dort im Gasthause einmal, in Menschenmassen eingekeilt, unter Lebensgefahr um ein Glas Bier oder Sauerbrunnen gerungen hat, – der lächelt stumm über jede Befürchtung, es könnte noch ärger werden. Nein, der Tiefpunkt des Schreckens war längst erreicht, es konnte nur noch besser werden. Vor allem sind die alten Wege vom Wagenverkehr entlastet worden, der weit störender ist als die Eisenbahn, denn da klappern die Züge doch nur zeitweilig vorüber, und der Rauch verfliegt weit schneller als der Staub der Straße. Die Menschenfluten werden zwar wohl in noch größerer Zahl, aber auch in beschleunigtem Zeitmaß über die Kuppe gespült, dazwischen aber werden Ruhepausen eintreten, in denen der bessere Mensch zum Aufatmen kommt.
Wer aber unverbesserlich besserer Mensch ist und die ganze Neuerung unversöhnlich haßt, dem bleiben für eigene Freuden noch immer die Wintermonate übrig, wo die Berglokomotive ihre Lunge ausheilt: und daß gerade dann der Brocken seine weitaus besten Tage hat, weiß jeder Eingeweihte wohl. Die Schneeschuhe an die Füße und alle Bergbahnen der Welt verlacht! Und was die Hexen angeht, so ist zu glauben, sie sind Weibs genug, für sich selbst zu sorgen. Und endlich noch eins: hat die Eisenbahn wirklich hier und da ein Stück Waldpoesie zerstört, so hat sie in Wahrheit weit mehr noch aufgebaut. Sie hat eine Fülle neuer Ausblicke erschlossen, und keiner der alten Fuß- und Fahrwege kann sich an reicher und wechselvoller Schönheit mit der neuen Bahnlinie auch nur annähernd messen. Dieser ihrer werbenden Kraft wird sich so leicht kein Harzreisender entziehen können."

Bevor man den Schienenweg hinauf zum Brocken benutzen konnte, mußte die Vereinigte Eisenbahnbau- und Betriebsgesellschaft harte, an Termine gebundene Arbeit leisten. Durch Bauvertrag vom 20. 6. 1896 war dieser Berliner Firma der

Bahnbau auf den Strecken Nordhausen – Wernigerode und Wernigerode – Brokken übertragen worden. Der Vertrag wurde abgeschlossen mit einem Harzbahnkomitee, das am 31. 3. 1896 in das Handelsregister des Amtsgerichts Nordhausen eingetragen worden war, am 27. 5. 1896 die Konzession für die genannten Linien erhalten hatte und u. a. mit der Aufgabe betraut war, eine Eisenbahn-Gesellschaft zu gründen. Die Nordhausen-Wernigeroder Eisenbahn-Gesellschaft, die Eigentümerin der Harzquerbahn und Brockenbahn, wurde am 25. 6. 1896 gegründet, die Eintragung in das Handelsregister erfolgte am 3. 7. 1896 in Nordhausen.
Laut Bauvertrag war die „Vereinigte", wie die Baugesellschaft kurz genannt wurde, verpflichtet, den Bahnbau zwischen Wernigerode, Nordhausen und dem Brocken bis zum 24. 5. 1899 zu vollenden. Ein zusätzlicher Vertrag, der im Februar 1897 unterzeichnet wurde, ermächtigte die Vereinigte Eisenbahnbau- und Betriebsgesellschaft den Betrieb auf den von ihr erbauten Strecken über zehn Jahre bis zum 31. 3. 1909 als Pächterin der Nordhausen-Wernigeroder Eisenbahn-Gesellschaft auszuführen.

Im Sommer 1896 wurde durch rasches Handeln der Grundstein für den Bahnbau im Harz gelegt. Die „Vereinigte" war nun bei der Harzbevölkerung in aller Munde. Sie sorgte für Unruhe in den einsamen Orten, sie schickte Ingenieure, Vermessungstrupps und Arbeiter, darunter Italiener und Kroaten, in den Harz, bot einheimischen Firmen, Handwerkern und Tagelöhnern Arbeit, legte Steinbrüche für die Schottergewinnung an.

Die Erbauer der Bahn strebten an, die Strecke Wernigerode – Brocken mit einem Höhenunterschied von 895 Metern möglichst in einer gleichbleibenden Neigung von 1:30 zu halten. 33 Kilometer ist diese Strecke lang. Die Entfernung zwischen Ausgangspunkt und Endpunkt mißt dagegen in der Luftlinie nur 13,3 Kilometer. Um allmählich die Höhe zu gewinnen, wurde die Strecke künstlich verlängert. In großen Schleifen baute man die Trasse in das Tal der Holtemme und ins Thumkuhlental hinein. Doch was wäre die kurvenreiche Strecke zwischen Wernigerode und Drei-Annen-Hohne ohne einen Tunnel! Der 70 Meter lange Tunnel, im Volksmund „Renommiertunnel" genannt, war bestens geeignet, den Gebirgscharakter der neuen Bahn unter Beweis zu stellen. Die vorspringende Hornfelsnase des Kleinen Thumkuhlenkopfes hätte durchaus gesprengt und abgetragen werden können. Was in der Schweiz und in Gebirgsgegenden Deutschlands die Bahnfahrten so reizvoll machte, das wollte man auch den Benutzern der Brockenbahn bieten.
Das Tal der Wormke kurz vor Schierke mußte auf einem 23 Meter hohen Damm und einem langen gewölbten Bauwerk überbrückt werden, da ließen sich kostspielige Maurerarbeiten, alles in Granit aufgeführt, nicht vermeiden. Alle Brükken- und Hochbauten wurden von der „Vereinigten" an Unternehmer vergeben.
Im Frühjahr 1898 sprachen die Direktoren aus Berlin, die die Strecke bereisten, den Wunsch aus, den Bahnbetrieb mit Sommerbeginn bis Schierke aufzunehmen. Die Baukosten waren höher als veranschlagt ausgefallen. Man brauchte die Ein-

nahmen, die die Bahnverbindung mit Schierke in den Sommermonaten erwarten ließ. Da wurde an Sonntagen wie an Wochentagen gearbeitet und nicht auf die Stunden gesehen. Solange das Tageslicht reichte, wurde gebohrt, gesprengt, trassiert, geschottert. Dann wurden auf das sauber verfüllte Schotterbett die Schienen gelegt. An den letzten Sonntagen wurden bis zu 600 Mann auf der Strecke eingesetzt!

Zum festgesetzten Termin konnte die in Meterspur gebaute Strecke abgenommen werden. Der Zug glitt ohne Stoß oder Ruck über die Gleise und sanft durch die vielen engen Kurven. Ab Montag, den 20. 6. 1898, lief der Personen- und Güterverkehr an. Schierke war Eisenbahnstation geworden.
Eben war die Teilstrecke dem Verkehr übergeben worden, da richtete man die weiteren Arbeiten auf einen neuen Termin aus. Bis zum Herbst 1898 sollte die restliche Strecke bis zum Bahnhof Brocken durchgehend befahrbar sein!
Die schweren Arbeiten im Eckerloch, am Königsberg, an den Hirschhörnern, im Brockenmoor und unterhalb der Brockenkuppe fielen in die Sommer- und Herbstmonate. Regierungsbauführer Niemann, der an leitender Stelle am Bau der Brockenbahn mitgewirkt hat, erinnerte sich später an die Arbeiten im letzten Streckenabschnitt:

„Nach Bau eines kurzen Steindammes hinter Bahnhof Schierke, an dem besonders die Kosten des gepackten, steilen Böschungspflasters ermittelt wurden, wurde die gesamte Strecke noch einmal genau durchgearbeitet. Es galt die Linie der geringsten Kosten, der geringsten Kurven bei Innehalten der gleichmäßigen Steigung 1:30 festzulegen. Eine große Arbeit, die dadurch noch besonders erschwert wurde, daß die Arbeiten der Schächte draußen dadurch nicht aufgehalten werden durften und die Erdarbeiten doch ohne gegenseitige vorherige Anschlüsse angefangen und fortgeführt werden mußten.
In mühsamer Arbeit wurden die Querprofile für jeden Abschnitt aufgetragen, die Punkte des Massenausgleichs innerhalb der Station bestimmt, die beste Gleisachse auf dem Reißbrett ermittelt und in das Gelände übertragen, peinlichst darauf bedacht, die Kurven tunlichst zu verbessern, auf gar keinen Fall eine in ihrem Halbmesser zu verkleinern oder die Gradiente zu verändern. So entstand die Linie geringsten Fahrwiderstandes bei billigsten Erdarbeiten. Wo im alten Projekt meterhohe Steindämme nötig waren, bei denen 1 qm Böschungspflaster schon 9 Mark kostete, wurden jetzt beachtlich lange Strecken hergestellt, bei denen 1 lfd. Meter Planum soviel kostete wie 1 qm Böschungspflaster. Viel Sonntagsruhe hat es allerdings in der Bauleitung nicht gegeben. Gegen die genehmigten Pläne, die naturgemäß nicht eingehalten werden konnten, wurden ungezählte Durchlässe mehr eingebaut, bei dem verschiedensten Wetter bestimmt, wo solche nötig waren.“

An vielen Stellen wurde gleichzeitig gearbeitet. Am Königskopf mußte in härtestem Granit gebohrt und gesprengt werden. Hier waren Bayern eingesetzt, Männer, die im Fels groß geworden waren, für die aber auch der Verdienst und der

Preis für die Maß Bier im richtigen Verhältnis stehen mußten. Dagegen war das Arbeiten im Moor keine Knochenarbeit. Das gefürchtete Brockenmoor mußte auf etwa 1 Kilometer Länge durchquert werden. Die tiefste Stelle im Moor liegt bei Langenwerk, einem alten Torfgewinnungsbetrieb: 7 Meter Torf und Moor liegen da auf dem gewachsenen Fels! Bis zu 5 Meter Tiefe mußte die tiefbraune Torfschicht ausgehoben werden, um den Bahndamm auf den Granit auflegen zu können. Rund 90 000 cbm Moorboden wurden mit Schubkarren in Akkordarbeit abgefahren!

Der Oberbau auf der Strecke Eckerloch–Brocken ist auf Wunsch der Militärverwaltung von einer Kompanie des 1. Eisenbahn-Regiments ausgeführt worden. Bis zu einem Kilometer Gleis pro Tag verlegten die Pioniere bei jeder Witterung, um den Königsberg herum, durch das Moor und in der bekannten Spirale, mit der die Brockenkuppe eineinhalb Mal umfahren wird. An die Gleisbauarbeiten erinnerte noch Jahrzehnte später der im Herbst 1898 gesetzte „Soldatenstein", ein Gedenkstein mit den Namen der Offiziere der Kompanie, eines Arztes, eines Försters und des Leiters der Bauabteilung Wernigerode der Vereinigten Eisenbahnbau- und Betriebsgesellschaft.

Am 4. 10. 1898 konnte zum ersten Mal ein Bauzug bis zum Bahnhof Brocken fahren. Die Eröffnung der Brockenbahn wurde daraufhin auf den 15. 10. 1898 festgesetzt. Die behördliche Erlaubnis zum Befahren der Brockenstrecke ist jedoch erst am 20. 12. 1898 erteilt worden. Am 1. Weihnachtstag 1898 fuhr der erste Zug mit geladenen Gästen von Wernigerode auf den Brocken.

Das denkwürdige Ereignis an diesem Festtag war nur möglich, weil wenig Schnee lag. Eine der drei Baulokomotiven, der man einen Personenwagen angehängt hatte, brachte die Fahrtteilnehmer auf dem neuen Schienenweg bis auf 1129 Meter über den Meeresspiegel. Die zweiachsigen Lokomotiven waren während der Bauarbeiten zwischen Nordhausen und Benneckenstein, Wernigerode und Benneckenstein und im Brockengebiet im Einsatz. Auf alten Fotos fallen die großen Funkentöpfe auf den langen Schornsteinen dieser Maschinen auf.

Dann ruhte der Bahnverkehr zwischen Schierke und Brocken erst einmal bis zum Frühjahr 1899. Das war vor allem jahreszeitlich bedingt. Der 27. März 1899 war für die Erbauer der Bahn ein großer Tag: auf der Harzquerbahn befuhren erstmals die Züge die über den Harz führende Strecke in voller Länge, gleichzeitig wurde der Bahnbetrieb zum Brocken eröffnet.

Über 55 000 Menschen besuchten vor der Eröffnung der Bahn jährlich den Brokken, zu Fuß, auf Reittieren oder in pferdebespannten Wagen.

Nun war auf der höchsten Erhebung des Harzes, 200 Meter östlich vom Brockenhotel, der neue Bahnhof entstanden, der ganze Scharen von Brockenbesuchern erwarten ließ. Die Gebrüder Schönfeld, Kreismaurermeister und Kreiszimmerermeister in Blankenburg/Harz, hatten von der „Vereinigten" den Auftrag zum Bau des Stationsgebäudes erhalten und am 25. 7. 1898 den Grundstein zum Empfangsgebäude gelegt. Es wurde ganz aus Holz gebaut. Daneben entstanden bis Oktober

1898 noch 2 Bahnsteige und 3 Gleise, auf denen nacheinander 2 Züge abgestellt und deren Lokomotiven umgesetzt werden konnten.
Etwa 50000 Reisende brachte die Brockenbahn in der Anfangszeit jedes Jahr nach oben, soviel wie bis dahin insgesamt an Besuchern in allen vier Jahreszeiten oben gewesen waren, und noch dreimal soviel machten sich jährlich als Wanderer, Radfahrer oder im Wagen auf den Weg zum Gipfel. Irgendwann um die Jahrhundertwende wurde dank der Brockenbahn die Zahl von 100000 überschritten. Wer wollte und konnte die große Zahl der jährlichen Besucher noch zählen? Um ein Vierfaches steigerte sich mit den besseren Verkehrsverhältnissen innerhalb von nur zehn Jahren, von 1897 bis 1907, die Zahl der Brockenbesucher.

Nach Meyers Reisebücher „Der Harz" war zu Beginn dieses Jahrhunderts das Gedränge im Brockenhotel zeitweise beängstigend: „Besonders an Sonntagen ist der Brockengipfel meist von Menschen überfüllt und der Aufenthalt dadurch nicht gerade angenehm, auch nachts ist dann oft an ungestörten Schlaf nicht zu denken. Wenn der Sonnenaufgang sichtbar ist, wird eine Viertelstunde vorher geläutet."
Dabei war der Auftakt zum Bahnbetrieb gar nicht spektakulär gewesen. Er fiel ja in die kalte Jahreszeit, und der 27. März 1899 war ein Montag gewesen. Es scheint an diesem Eröffnungstag wiederum eine der kleinen Baulokomotiven mit einem Personenwagen die Strecke Schierke–Brocken befahren zu haben. Da wurden bei den Eröffnungsfahrten der Harzquerbahn zwischen Nordhausen und Wernigerode an diesem Tag ganz andere Zahlen an Reisenden und Zaungästen registriert. Auch die weiteren Fahrten durch das Brockengebiet blieben in der Folgezeit auf die Sonntage beschränkt.

Erst ab Mai 1899 lief der Bahnbetrieb auf der Brockenstrecke in vollem Umfang an. Ein Vormittags- und ein Nachmittagszug fuhren von Wernigerode täglich bis zum Brocken, ein Mittagszug täglich bis Schierke. Dazu kamen im Mai, Juni und September sonntags und im Juli und August täglich ein Frühzug und ein Spätzug, die Fahrgäste zum Brocken brachten. Im Sommer 1900 verkehrten sonntags sogar 7 Zugpaare auf der Brockenstrecke, und für Wanderer, die von Westen heraufkamen, wurde in 955 Meter Höhe die Bedarfshaltstelle Goetheweg eingerichtet.

Vergessen waren die strapaziösen Fahrten in pferdebespannten Omnibussen über staubige Straßen oder aufgeweichte Wege voller Schlamm. Man fuhr jetzt nicht nur schneller und bequemer, sondern auch noch billiger ins Brockengebiet. Kostete eine Fahrt von Wernigerode zum Brocken im Omnibus noch 4 Mark, so zahlte man nun für die Bahnfahrt Wernigerode–Brocken 4,30 Mark in der zweiten und 2,85 Mark in der dritten Wagenklasse. Acht Personen hatten in einem Omnibus Platz, aber achtundvierzig Sitzplätze bot allein ein Drehgestellwagen im Personenverkehr auf der Brockenbahn. Vier Personenwagen konnte eine große Lokomotive über die Brockenstrecke ziehen. Das bedeutet, daß in einem Zug mit 192 Sitzplätzen ebensoviele Brockenreisende Platz fanden wie in 24 Omnibussen. Der Omnibus brauchte noch viereinhalb Stunden, um von Wernigerode den

Brocken zu erreichen, auf dem Schienenweg schaffte man das in zwei Stunden. Dazu kam die Bequemlichkeit der Reisezugwagen, denn unter dem Wagenkasten sorgten zwei Drehgestelle mit je zwei Achsen für einen ruhigen und stoßdämpfenden Lauf. Da fuhr man auch dritter Klasse auf Holzbänken sanft und angenehm über die Höhen des Harzes. Und wer mehr über die großartige Bergwelt wissen wollte, die durchfahren wurde, der konnte sich an den Fahrkartenausgabestellen und beim Zugpersonal für 10 Pfennig den „Führer auf der Harzquer- und Brockenbahn Nordhausen–Wernigerode" kaufen. Das 48 Seiten starke Heft wurde in der „Hofbuchdruckerei" Max Görlich in Wernigerode hergestellt.

Maschinenfabriken im Siegerland und in Güstrow (Mecklenburg) bauten auf Bestellung nach und nach 12 Lokomotiven, die der Vereinigten Eisenbahnbau- und Betriebsgesellschaft für den Betrieb auf der Harzquerbahn und Brockenbahn zur Verfügung gestellt wurden. Zur Ablieferung kamen 1897 sieben, 1898 zwei und 1901 drei der vierachsigen Lokomotiven. Sie haben sich glänzend auf den steilen und kurvenreichen Strecken bewährt. Ins Auge fallende Merkmale dieser bewährten Maschinen waren der niedrig liegende Kessel mit dem langen Schornstein und dem hohen Dampfdom zwischen langen seitlichen Wasserkästen sowie zwei hintereinander liegende nach dem System Mallet arbeitende Triebwerke. Für den Reisenden waren sie eigentlich nur durch ihre Betriebsnummern zu unterscheiden: die älteste hatte die Nummer 11, die zuletzt gelieferte die Nummer 22. Außerdem wiesen Lokomotiven und Wagen an der Seitenverkleidung die Firmenbezeichnung der Eigentümerin in großer dreizeiliger Beschriftung auf: „Nordhausen Wernigerode E. G." Die kleinen Baulokomotiven hatten die Betriebsnummern 1 bis 3 erhalten und versahen den Rangierdienst in Nordhausen und Wernigerode.

Der Betrieb zwischen Drei-Annen-Hohne und Brocken war ganz auf die Sommermonate ausgerichtet. Selbst in der Sommerzeit war der Verkehr auf der Brokkenstrecke nach Wetter und Wochentagen unterschiedlich stark, fast sprunghaft wechselnd. Sonntage und Feiertage brachten dem Brocken bei gutem Wetter garantiert volle Züge, die Pfingstfeiertage jedes Jahr Spitzenergebnisse an Einnahmen. Aber an regnerischen Werktagen konnte das Fahrgastaufkommen wieder mäßig, für die scharf kalkulierenden Direktoren der Bahn sogar enttäuschend ausfallen. Da galt es, den Lokomotiv- und Wagenpark, aber auch die Dienstpläne des Personals auf den stark schwankenden Verkehr einzustellen. Beweglichkeit war Trumpf! Sonderzüge wurden bereitgestellt, aber auch längere Züge mit Vorspann auf der Brockenstrecke gefahren, vermochten doch die Mallet-Lokomotiven nur vier Personenwagen und einen Post- und Gepäckwagen über die steile Strecke zu ziehen.

In den Sommermonaten begegneten sich immer wieder Wanderer und die langsam dahingleitenden Züge. Bernhard Flemes hat eine solche Begegnung in seinem Buch vom Oberharz in klingende Worte gefaßt:

„Je höher der Wanderer stieg, um so wohler wurde ihm ums Herz. Die stillen Bilder des Bergwaldes begannen ihm den Alltag zu verstellen. Er schritt leichter, beschwingter, seine Augen füllten sich von innen heraus, wurden wärmer und blühten . . .
So kam er an die Schienen der Bahn, die auf den Gipfel des Gebirges führte. Ein Züglein schnaufte hinauf, bunt mit Menschen gefüllt wie ein Gärtnerkarren, der zum Markt will. Erst wollte der Wanderer sich hinter einer Tanne bergen, aber dann trat er frei heraus und winkte mit dem Hut den grüßenden Tüchern und Händen. Dann war die frohe Menschenfracht an ihm vorüber."

Die Bahn im Brockengebiet war schon zu Betriebsbeginn nichts Störendes mehr. Sie gehörte ganz einfach dazu, wie einst die Esel, Pferde und Omnibusse. Die Menschen benutzten sie nach Wanderungen, konnten dadurch größere Tagesausflüge im Brockengebiet unternehmen. Schließlich war der Wert der Bahn unübersehbar: sie beförderte nicht nur Reisende und Post, sie brachte auch viel billiger als früher Bedarfsgüter und Baumaterial auf den Brocken.

Karl Reinecke-Altenau, der große Maler und Dichter des Oberharzes, hat Schienenweg und Brockenkuppe in einer Zeichnung ineinander gefügt, so als wären Trasse, Schienen und Telegrafenmasten natürliche Zutaten der grandiosen Landschaft aus Granit und Fichtengrün. Die Bahn hat nicht nur Malern, sondern auch Fotografen neue Perspektiven eröffnet. Aus der Zeit vor dem Ersten Weltkrieg sind Fotos der in Wernigerode beheimateten Fotografen Ernst Rose und Friedrich Maeßer am bekanntesten. Zwanzig Jahre später traten andere Namen in den Vordergrund: Adalbert Defner, Hans Rudolphi, Ulrich Bornemann, Kenner der Brockenlandschaft, die im Sommer wie im Winter mit der Kamera unterwegs waren.

Man setzte sich mit dem neuen Verkehrsmittel auseinander, seitdem es ein gewichtiges Wort bei der Bezwingung des Brockens mitzureden hatte. Dietrich Vorwerk, zu Beginn dieses Jahrhunderts Pastor in Schierke und mit den Geheimnissen des hohen Harzes vertraut wie kaum ein zweiter, schrieb angesichts des steigenden Verkehrs auf der Brockenstrecke den Wanderern ins Stammbuch:

„Steig nicht immer nur bergauf, steig auch eben so oft bergab. Andere Muskeln und Sehnen arbeiten, wenn du bergauf klimmst, als wenn du hinabgehst. Wer immer nur steigen will, wird bald einen krummen Rücken haben. Das Hinabsteigen aber gibt Kraft ins Rückgrat und aufrechte Haltung. Darum meide die Talfahrten der Eisenbahnen ebenso wie die Auffahrt. Je höher du hinaufgestiegen bist, um so tiefer steig wieder hinab."

Im Winter war alles ganz anders. Vom 1. November bis zum 30. März ruhte der Bahnverkehr zwischen Schierke und dem Brocken. Schneeverwehungen bis zu 8 Meter Höhe deckten dann die Gebäude und Gleisanlagen im Bahnhof Brocken zu. Dann gehörte den Wintersportlern das Brockengebiet, und nur nach Bedarf fuhren in dieser Jahreszeit bei Wintersportveranstaltungen Züge bis Schierke. Ansonsten war Elend die Station, von der Schierke im Winter zu erreichen war.

Der Brockenwirt hatte zwar im Winter den Ansturm der Bahnreisenden nicht zu bewältigen, doch Skiläufer und Wanderer wußten die Vorzüge des Brockenwinters zu schätzen. Rudolph Schade, der 1908 die Leitung des Brockenhotels übernommen hatte, wußte den Winterzauber verlockend darzustellen:

„Wer ihn nur im Sommer besucht hat, der kennt ihn überhaupt nur halb, den Vater Brocken. Man muß ihn ersteigen, wenn der Rauhreif seine Kristalle über den Wald ausgebreitet und über den Bächen das Eis wundersame Phantasiegebilde aufgebaut. Die Tannen sind dann mit einer dichten Eisglasur überzogen, auf diese ist leichter Sprühschnee gefallen, und so erscheint jede einzelne Tanne wie mit einem glitzernden, von Diamanten strahlenden Hermelinmantel umgeben.“

In den Nächten zum 1. Januar und zum 1. Mai trafen sich schon im vorigen Jahrhundert Wanderer, um im Brockenhaus Silvester und Walpurgis zu feiern. Aus diesen Zusammenkünften gingen in diesem Jahrhundert die Brocken-Silvester-Gemeinde und die Brocken-Walpurgis-Gemeinde hervor.

Am 30. April 1889 waren es Wanderer aus Ilsenburg und Harzburg, die den Zauber der Walpurgisnacht da erleben wollten, wo sich der Sage nach früher Teufel und Hexen zusammengefunden hatten. 1892 wollte dann der Harzklub die jährlichen zwanglosen Zusammenkünfte auf dem Brocken zur planmäßigen Feier ausgestalten. Aber Brockenwirt Schwanecke winkte ab und meinte, um diese Zeit sei noch nicht genug Personal im Haus und das Wetter zu schlecht. Also feierte man in Schierke. Aber die Idee der Walpurgisfeier in einer auf dem Brocken tagenden Gemeinde war da und nicht wieder zu verdrängen.

Hermann von Frankenberg, der Harzklub und Brocken in den Mittelpunkt seiner vielen Veröffentlichungen gestellt hat, erklärte das Wirken seiner Idee in einer 1923 erschienenen Abhandlung: „Es war eine Gemeinde ohne Satzungen, ohne Paragraphen, ohne eine ständige Verwaltung und – erstaunlich zu sagen – ohne eine eigene Kasse . . . , aber eine sehr gemütliche, durch reichen Zugang fortwährend ergänzte und allen Anschein nach recht lebensfähige Gemeinde.”

Auf Betreiben der Brockenwanderer aus Harzburg entstand eine Walpurgis-Gesellschaft, die 1896 mit Kommers, Feuer auf der Teufelskanzel und Teufelsansprache auf dem Brocken feierte. 1899 kamen Studenten aus Clausthal hinzu.

Hatten die Teilnehmer der Silvester-Gemeinde in der „Brocken-Post“ eine von der gemeinsamen Sache kündende Zeitung, so fand die Walpurgis-Gesellschaft nach der Eröffnung der Brockenbahn in einer gemeinsamen Fahrt zum Brocken ihren „kollektiven Besen“. Am 30. April 1901 fuhr zum ersten Mal ein Sonderzug mit etwa 100 Teilnehmern von Wernigerode hinauf. 1902 waren schon 150 Teilnehmer im Zug, dazu kamen Wanderer aus Harzburg. Nach dem Vorbild der Brocken-Silvester-Gemeinde wurde am 30. April 1902 unter der Initiative von Verleger Rudolf Stolle aus Harzburg die Brocken-Walpurgis-Gemeinde gegründet. Aber der neugegründeten Gemeinde war kein ungetrübter Start beschieden. Was die Feier 1902 wohl trunken und fröhlich hielt, sonst aber recht bieder, war

der seltsame Umstand, daß nur „Teufel“ versammelt waren, denen die „Hexen“ fehlten. Das änderte sich aber im folgenden Jahr. Am 30. April 1903 ging es mit einer Musikkapelle von Harzburg zu Fuß und von Wernigerode mit der Brockenbahn hinauf, und etwa 500 „Teufel“ und „Hexen“ fanden sich zur Walpurgisfeier auf dem Brocken ein. Um 2 Uhr nachts fuhren die meisten wieder nach Haus. Der erste tadellos bekränzte Walpurgiszug fuhr 1904 über die Brockenstrecke, kam aber etwas ramponiert wieder herunter. Die „Hexen“ hatten diesmal zuviel Verwirrung gestiftet! In einem Bericht wurden die Hexenmädchen „zweifelhaft“ genannt, die fröhliche Feier der „Halbwelt“ zugeordnet, der Höllenspektakel sogar als grober Unfug abgetan! Für 1905 wurde der Höllenspuk verboten. Wernigerode wusch sich die Hände in Unschuld: die Leitung hatte ja Bad Harzburg gehabt. Auch 1906 ging am 1. Mai die Sonne still über dem Brocken auf.
Dann wurde die Organisation in die Hände des Verkehrsamtes Wernigerode gelegt, und am 30. April 1908 fand wieder eine Walpurgisfahrt statt, bei der die fröhliche Schar während der Bergfahrt schon auf der Brockenstrecke in „Höhenstimmung“ kam nach dem Motto:

„Ja, laßt zurück, was euch bedrückt,
Vom Bergeshauch, vom Lenz entzückt!
Vergeßt, was trüb und trocken,
Walpurgis auf dem Brocken!“

Die Walpurgisfahrten mit geschmückten Lokomotiven und verkleideten Eisenbahnern wurden fortan dank der Brockenbahn der fröhlichste Brauch dieses Jahrhunderts im Harz und für die Nordhausen-Wernigeroder Eisenbahn-Gesellschaft ein werbeträchtiger, aber auch kostspieliger Auftakt zum Befahren der Brockenstrecke nach langer Winterpause. Max Schultze, Verkehrsamtleiter in Wernigerode, hat das anschaulich geschildert:

„Wenn Mitte April herangekommen ist, rückt eine Kolonne von einigen 20 geschulten Streckenarbeitern aus, um ‚Bahn zu machen‘. Jeden Morgen um 4 Uhr wird aufgestanden, und um 5 Uhr verläßt der kleine Zug, nur aus der Maschine und einem Wagen bestehend, der zugleich zum Ausruhen und Einnehmen der Mahlzeiten dient, den Bahnhof Wernigerode. Erst am Abend gegen 8 Uhr trifft die kleine Schar müde wieder zu Hause ein. Und wie oft ist alle Arbeit des verflossenen Tages nutzlos gewesen! Ein Schneetreiben über Nacht hat die eben freigelegte Strecke in wenigen Stunden wieder vollständig zugeweht. Die Maschine fährt mit höchstem Dampfdruck in die Schanzen hinein, aber deren Widerstandskraft ist zu groß. Links und rechts wirbelt der lockere Schnee meterhoch auf, nur der Schornstein der Lokomotive ragt noch heraus. Dann heißt es ‚Zurück!‘ und das Schaufeln mit der Hand beginnt, von Zeit zu Zeit durch den Dampfschneepflug wirksam unterstützt. Wie unerwartet solche Verwehungen auch in vorgerückter Jahreszeit noch eintreten, davon können beispielsweise die Pfingstausflügler 1904 erzählen, die am ersten Festtage (22. Mai) mit dem Frühzuge eineinhalb Stunden lang am

Brocken festlagen, weil über Nacht Schanzen von mehr als 1 Meter Höhe auf die Schienen geweht waren. Wären am letzten Apriltage der vergangenen Jahre nicht noch viele Hilfskräfte aus Schierke seitens der Bahnverwaltung aufgeboten worden, um die plötzlich meterhoch zugewehte Strecke freizumachen, dann hätte der Betrieb am Abend vor der Walpurgisnacht nicht aufgenommen werden können. Mehr als 1000 Mark muß die Bahn in jedem Jahre für Schneebeseitigung in ihrem Etat einstellen. Mit Neuschnee oder auf der offenen Strecke zusammengewehten Schneedünen ist immer noch verhältnismäßig leicht fertig zu werden. Viel schwieriger, mühsamer und zeitraubender wird die Arbeit da, wo der Schnee zu Eis geworden ist. Solche berüchtigten Stellen sind z. B. oberhalb Schierke bis zur neuen Brockenchaussee, ferner vom Königsberg bis zum Goethewege, dann besonders beim Harzburger Wege, wo die Schneemassen meist mehr als Meterhöhe haben. Am Tage taut es bei dem schon ziemlich hohen Stand der Sonne stark, über Nacht gefriert dann der Schnee wieder, und in diese harte Eiskruste kann keine Schaufel eindringen. Da muß dann fleißig mit der Spitzhacke gearbeitet und Scholle für Scholle einzeln losgehackt und zur Seite geworfen werden. Wie Mauersteine geformt, liegen die Eisstücke neben dem Gleise und tauen erst im Sommer ganz weg. Unterhalb des Brockengipfels reichen die seitwärts der Bahn aufgeworfenen Schnee- und Eisberge meist so hoch, daß man sie vom Wagenfenster aus mühelos erreichen kann. Für die Passagiere des Walpurgiszuges ist es ein besonderes Vergnügen, während der Fahrt den schönen weißen Schnee zu greifen und sich von Fenster zu Fenster damit zu werfen. In Wernigerode-Hasserode das frische Grün, auf dem Blocksberg Schnee und Eis!"

Das Jahr 1908 verhalf nicht nur den Walpurgisfahrten zum Durchbruch, auch im Brockenhaus gab es in die Zukunft weisende Veränderungen. Sofort nach der Übernahme baute Rudolph Schade aus Halberstadt das große Haus mit seinen 200 Betten zu einem modernen Hotelbetrieb aus. Mit dem Einbau einer Gaslichtanlage und einer Zentraldampfheizung wurde erst einmal die Feuchtigkeit, die alte Plage des Brockenhauses, vertrieben. 1909 kam mit Neubauten und Umbauten die Wasserspülung hinzu. Eine wesentliche Verbesserung des Betriebes brachte gleichzeitig die Einrichtung einer eigenen Bäckerei und Konditorei. Bis dahin hatte der Brocken auch nur im Sommer Fernsprechanschluß, der alljährlich im Oktober abmontiert wurde. Im Winter 1908/09 legte der Brockenwirt auf eigene Verantwortung ein provisorisches Kabel bis ins Eckerloch, und erst als sich dieses glänzend bewährte, entschloß sich die Postverwaltung, einen dauernden Winteranschluß herzustellen. Der Wassermangel des heißen Sommers 1911 gab Anlaß zum Bau einer zweiten größeren Wasseranlage auf dem Weg nach Ilsenburg, die es im folgenden Jahr ermöglichte, eine eigene Dampfwäscherei in Betrieb zu nehmen. Auch die Küche wurde ausgebaut, so daß über tausend Personen zu gleicher Zeit gespeist werden konnten.

Am 31. März 1909 lief der Betriebsvertrag mit der Vereinigten Eisenbahnbau- und Betriebsgesellschaft Berlin aus, und die Eigentümerin der Bahn übernahm am 1.

April 1909 die Betriebsaufgaben selbst. Man mußte sich dem stark gewachsenen Verkehrsaufkommen anpassen und brauchte vor allem stärkere Lokomotiven für die Brockenstrecke. Im März 1910 wurde aus Wernigerode berichtet:
„Durch Vermehrung des Materials um 2 schwere Gebirgslokomotiven und 10 moderne Personenwagen in einer den D-Zugwagen ähnlichen Art hofft die Bahn, in Zukunft einen so starken Verkehr wie beim Schierker Winterfest besser bewältigen zu können . . .“
Die beiden schweren Maschinen erhielten die Betriebsnummer 31 und 32 und liefen von 1910 bis 1920 auf der Brockenstrecke. Sie waren konstruiert wie die vorhandenen 12 Mallet-Lokomotiven, aber um zweieinhalb Meter länger als diese und mit 3 gekuppelten Achsen je Triebwerk versehen. Diese sechsachsigen Lokomotiven hatten die doppelte Zugkraft ihrer vierachsigen Schwestern, waren aber nicht so beweglich und kurvengängig. Sie konnten 7 Personenwagen über die Brockenstrecke ziehen.
Um eine schnellere Zugfolge auf der stationslosen Strecke zwischen Steinerne Renne und Drei-Annen-Hohne zu ermöglichen, wurde mit großem Kostenaufwand im Jahr 1910 im Drängetal eine neue Zugkreuzungsstelle errichtet.
Wegen der großen Bedeutung für ganz Norddeutschland wurde auch die meteorologische Station erster Ordnung auf dem Brocken weiter ausgebaut. Es hatte sich herausgestellt, daß man beim Bau des Observatoriums im Jahr 1895 zu sehr gespart hatte, so daß 1912 unter Beibehaltung des alten Gebäudes mit einem großen steinernen Anbau begonnen wurde. Das neue Observatorium konnte erst während des Krieges bezogen werden. Der aus Granit errichtete Neubau mußte kurz nach seiner Vollendung mit Holz verkleidet werden, da sich das Mauerwerk als undicht erwiesen hatte.
Die größten Gewinne auf der Harzquer- und Brockenbahn wurden im Personenverkehr erzielt, und die Brockenbahn wurde zum wirtschaftlichen Rückgrat des ganzen Unternehmens. Ein Vertrag mit dem Fürsten von Stolberg-Wernigerode schützte die Brockenbahn ausdrücklich gegen jede Konkurrenz, die besonders durch den anwachsenden Kraftwagenverkehr drohte. Die Anzahl der beförderten Personen stieg vor dem Ersten Weltkrieg dank der schnelleren Zugfolge und der eingesetzten schweren Lokomotiven auf der Brockenstrecke enorm an und erreichte in den Jahren 1911 bis 1913 die Millionengrenze, die im Geschäftsjahr 1913/14 überschritten wurde und die Rekordmarke von 1,05 Millionen erreichte. Diese für den Betrieb der Harzquer- und Brockenbahn gültigen Zahlen lassen zwar den Anteil der Brockenreisenden nicht erkennen, doch darf dieser mit einem Viertel angenommen werden, obwohl der Betrieb auf der Brockenstrecke nur wenige Monate im Jahr durchzuführen war. Nicht selten mußte der Betrieb zwischen Schierke und Brocken im Mai noch einmal vorübergehend eingestellt oder im Oktober vorzeitig abgebrochen werden, wenn der Winter sich noch einmal einstellte bzw. früh hereinbrach. Im Jahr 1914 kam es sogar mitten in der Saison auf der Brockenbahn am 12. August infolge der Kriegsereignisse zur Betriebsein-

stellung. Während der Kriegsjahre fuhren die Züge wieder, der Verkehr ging aber gegenüber dem der Vorkriegszeit um ein Viertel zurück. Walpurgiszüge fuhren nicht mehr hinauf. Die Eisenbahn-Gesellschaft hatte Mühe, den planmäßigen Betrieb aufrechtzuerhalten, denn sie mußte von den 12 vierachsigen Mallet-Lokomitiven 6 an die Heeresverwaltung abgeben, und viele Eisenbahner, unter ihnen auch Betriebsdirektor Gustav Uflacker, waren zum Heeresdienst eingezogen.

Trotz der kriegsbedingten Not begaben sich die Unentwegten der beiden Brokken-Gemeinden weiterhin im Frühling und im Winter als Wanderer auf den höchsten Berg des Harzes, um die Tradition zu pflegen. Die „Wernigeröder Zeitung" hat im Dezember 1957 einen Erlebnisbericht aus dem vierten Kriegsjahr veröffentlicht, der die ungetrübte Stimmung in der Abgeschiedenheit der Harzer Bergwelt wiedergibt. Die Teilnehmer waren mit der Harzquerbahn bis Elend gefahren und von dort über Schierke aufgestiegen.

„Als wir unsere mit einer Eisschicht überzogenen Brillen abnahmen, standen wir unmittelbar vor dem Schneetunnel, der ins Haus führte. Besorgte elterliche Mienen hellten sich auf, als wir endlich eintraten.
Dann stieg die große Silvesterfeier. Von weit her waren die Mitglieder der großen Brocken-Silvestergemeinde erschienen – dreimal mußte man als Gast oben weilen, ehe man Bürger dieser einmaligen Gemeinde werden konnte –, und bald ging es fröhlich her. Mußte auch der große Festzug zur Teufelskanzel mit Rücksicht auf die Kriegsnot ausfallen, so erreichte doch die Fröhlichkeit einen besinnlichen Höhepunkt, als um Mitternacht die Pfropfen knallten, um das neue Jahr 1918 zu begrüßen, von dem wir alle uns den Frieden erhofften.
Früh schon war ich am Neujahrsmorgen wieder auf den Beinen und erlebte dabei einen Sonnenaufgang, wie er nur sehr, sehr selten ist. Leuchtend im rosigen Lichte ging die Sonne über einer dichten Wolkendecke auf und bescherte uns zum Jahresanfang einen der schönsten Sonnentage, die ich bei meinen häufigen Brockenbesuchen erleben durfte. Zum ersten Male versuchte ich mich als Siebzehnjähriger hier oben auf den Brettern, die in Schnee und Eis die Welt bedeuten.
Das unvergeßlichste Erlebnis aber brachte uns der Sonnenuntergang, als plötzlich auf der im Osten stehenden Wolkenwand der Brockengipfel in vielfacher Vergrößerung mit Hotel, Wetterwarte und all den auf dem Plateau wandelnden Menschen als Schattenbild erschien. Jede Bewegung unsererseits konnten wir im Schattenriß verfolgen; dieses Bild ist mir durch die Jahrzehnte hindurch unauslöschlich im Gedächtnis geblieben, und selten wieder habe ich später eine solche Silvesterfeier miterleben dürfen."

Das Kriegsende brachte der Nordhausen-Wernigeroder Eisenbahn-Gesellschaft einen überraschend hohen Anstieg der Fahrgastzahlen: das Geschäftsjahr 1918/19 fast 1 Million, das Geschäftsjahr 1919/20 fast 1,1 Millionen und das Geschäftsjahr 1922/23 rund 1,13 Millionen, die höchsten Ergebnisse seit der Betriebsaufnahme 1899. Es wurden im Jahr 1920 auch die Walpurgisfahrten wieder aufge-

nommen, aber auch in der Nachkriegszeit war diesen Sonderfahrten kein glatter Start beschieden: 1922 blieb der Walpurgiszug beim Eckerloch im hohen Neuschnee stecken, und 1923 fiel die Fahrt wegen ungünstiger Witterung ganz aus, so daß die Teilnehmer an der Walpurgisfeier sich zu Fuß hinaufbegeben mußten.
In diesen ersten Nachkriegsjahren hat sich Adolf Rettelbusch, seit 1906 Professor an der Kunstgewerbeschule zu Magdeburg, einen Namen als Brockenmaler erworben. Von ihm stammten die Malereien in der Weinstube (Harzmannen-, Hexen- oder Brockenbrüder-Klause) und im Fürstenzimmer sowie die Wandbilder im Touristenraum (Hindenburgzimmer), die als letzte im Oktober 1924 ausgehängt wurden. Professor Rettelbusch, der seine Lebensaufgabe in der künstlerischen Gestaltung des Harzes sah, war dem Brocken besonders verbunden. Als Mitbegründer und Amtmann der Brocken-Silvester-Gemeinde feierte er 43 Mal den Jahreswechsel im Brockenhaus. Es bleibt das unvergessene Verdienst des Brockenwirts Rudolph Schade, daß er die Bedeutung des Malers für den Harz erkannte und ihm in seinem Schaffen ein verständnisvoller Förderer wurde. Rettelbusch schuf auch die Zeichnungen für eine Serie des auf dem Brocken kursierenden Notgeldes, das der Brockenwirt 1921 drucken ließ, außerdem die Zeichnungen zu dem vom Brockenwirt 1926 herausgegebenen Brockenbuch mit Abhandlungen über die Geschichte und Natur des Berges.

Das Anwachsen des Personenverkehrs nach dem Krieg war unter anderen auf die vielen ausländischen Besucher zurückzuführen, vor allem Holländer und Dänen, die den Verfall der deutschen Währung für sich nutzten, billig reisten und billig einkauften. Die Bahn erhob in dieser Situation auf dem Streckenabschnitt Schierke–Brocken hohe Ausländerzuschläge.
Am 1. Dezember 1920 ereignete sich im Drängetal der erste schwere Unfall. Als Lok Nr. 32 nach Wernigerode überführt werden sollte, entgleiste die Maschine mit allen Achsen, dabei erlitt der Lokführer tödliche und der Heizer schwere Verletzungen. Die beiden sechsachsigen Gebirgslokomotiven wurden danach aus dem Verkehr gezogen, dafür 2 andere Mallet-Lokomotiven bestellt, die 1923 geliefert und unter den Betriebsnummern 51 und 52 auf der Brockenstrecke eingesetzt wurden.
Die beiden neuen Maschinen bildeten in den folgenden 30 Jahren das Rückgrat der Brockenbahn, sie zogen aber in den zwanziger und dreißiger Jahren auch die Walpurgiszüge. Bekränzt und geschmückt findet man diese recht bullig wirkenden Lokomotiven noch vereinzelt auf Ansichtskarten, die zum Zweck der Werbung hergestellt und damals in alle Welt verschickt wurden.
Was für ein großartiger Start in die Saison das jedes Jahr war! Das Verkehrsamt in Wernigerode hatte die Organisation der Sonderfahrt übernommen, und die Eisenbahn-Verwaltung trug ihr Bestes zum Gelingen der Fahrt bei. Die auserwählte Dampflokomotive war mit Tannengrün, Girlanden, Masken und Besen geschmückt, die Rotte und Helfer hatten die verschneite Strecke freigeschaufelt, die Zugbegleiter hatten sich in Teufel und Hexen verwandelt. Die begehrten Posten

der maskierten Zugbegleiter nahmen vorwiegend Handwerker der Werkstatt ein, die im Winter die Lokomotiven und Wagen für die neue Saison überholt hatten. Pro Maske bekamen sie 5 Mark und am Ziel der lustigen Fahrt Freibier und Abendessen.
Vor der Abfahrt stellte man sich vor der geschmückten Lok den Fotografen. Viele Zuschauer. und Fahrtteilnehmer verfolgten am Bahnsteig das Treiben der Gestalten mit den kecken Bärten, rußverschmierten Gesichtern, häßlichen Masken und den unförmigen Pappköpfen. Mit Reisigbesen, Zylindern, Teufelskappen und Hexentüchern sorgten die Eisenbahner für Walpurgisstimmung.
Gegen vier Uhr am Nachmittag ging es dann wie an jedem 30. April mit viel Dampf aus dem Bahnhof hinaus, lärmend, winkend, johlend, den Bergen entgegen. Es war eine Höllenfahrt durch die bunte Stadt! Tausende säumten den Schienenweg oder blickten aus Fenstern und Türen, wenn die Brockenbahn mit steiler Rauchfahne und anhaltendem Läuten langsam Unter den Zindeln entlang, über die Westerntorkreuzung, vor der Kirchstraße und durch Hasserode fuhr und die lustige Gesellschaft, die sich auf dem Brocken ein Stelldichein geben wollte, ihren Höllenspektakel vollführte. Die Eisenbahner in der Maske des Teufels, verkleidet als Beelzebub und in Hexengestalt hatten sich vorn an die Lok gehängt oder auf die seitlichen Wasserkästen der Maschine gesetzt, winkten mit Tüchern, drohten mit Hexenbesen. Man warf Bonbons und Schokolade aus den Wagen, und die Kinder in Wernigerode hatten ihren Spaß. Nicht die Menschen, der Teufel führte bei diesen Fahrten das Regiment!
Von nah und fern kamen die Teilnehmer an der Sonderfahrt aus allen deutschen Gauen, aber auch aus Holland, England und Skandinavien. Einen Höhepunkt brachte das Jahr 1932, in dem sich Goethes Todestag zum hundertsten Mal jährte. Eine Reisegruppe fuhr in diesem Jahr mit zum Brocken hinauf, die Kostüme von Goethe und seinen Zeitgenossen trug. Ansichtskarten vom Walpurgiszug mit fremdsprachigem Text sorgten dafür, daß Wernigerode und der Brocken auch im Ausland bekannt wurden. Einer der Texte lautete: "The first train of the year to the top of the Brocken, taking witches and devils to the Walpurgisfeier (Witches sabbath), April 30th – May 1st 1932."
Unter der Leitung von Direktor Eduard Scharnhorst kamen in den zwanziger Jahren etliche Verbesserungen dem Betrieb zugute. Scharnhorst war 1918 in den Vorstand der Nordhausen-Wernigeroder Eisenbahn-Gesellschaft eingetreten und hat in fast 30 Jahren als Direktor erfolgreiche Arbeit geleistet.
Am 12. Juli 1922 waren 25 Jahre seit der Aufnahme des Bahnbetriebes auf Teilstrecken der Harzquerbahn vergangen und am 27. März 1924 25 Jahre seit der Eröffnung des durchgehenden Betriebes auf allen Strecken. Man feierte das Jubiläum aber erst am 30. Mai 1924. Wegen seiner herausragenden Lage und wegen seiner Bedeutung für die Bahn kam nur der Brocken als Ort für die Feierlichkeiten in Frage. Das Brockenhotel bot mit seinen Festsälen genügend Platz, zudem sollte die Einweihung des neuen, ganz aus Granit gebauten Stationsgebäudes auf dem

Brocken mit in den Festakt einbezogen werden. Das Empfangsgebäude war erst im Frühjahr 1924 fertiggestellt worden und wurde dem starken Besucherstrom besser gerecht als der alte Holzbau. Die Nordhausen-Wernigeroder Eisenbahn-Gesellschaft hatte zum Jubiläum eine vier Seiten umfassende Festschrift unter dem Titel „Brocken-Post" herausgegeben.
Im Jahr 1918 war der Lokomotivpark durch eine vierachsige Neubaulokomotive ergänzt worden, die sich durch die vorhandenen vierachsigen Mallet-Lokomotiven nur durch ein längeres Führerhaus unterschied. Die 6 Maschinen aus der Zeit der Jahrhundertwende, die den Krieg überstanden hatten, wurden Mitte der zwanziger Jahre mit stärkeren Kesseln ausgerüstet. Rein äußerlich war dies an den höher gelegten Kesseln zu erkennen. Gleichzeitig erhielten sie neue Betriebsnummern (Nummern 11 bis 16). Anstatt 60 t konnten sie nun 76 t über die stark geneigten Strecken ziehen und 5 statt 4 Personenwagen im Zug mitführen. Da bei dem schwersten Unglück, das die Bahn heimsuchte, eine dieser Lokomotiven nach einem durch Unwetter ausgelösten Dammrutsch abstürzte und verschrottet werden mußte, blieben nur noch 5 dieser alten Maschinen in Betrieb. Das Unglück am 6. Juli 1927 in Thumkuhlental forderte 6 Tote und 28 Schwerverletzte.
Am 10. Dezember 1927 starb Brockenwirt Rudolph Schade im Alter von 60 Jahren. Die Witwe Charlotte Schade, von den vielen Stammgästen und Freunden des Brockenhauses „Lotte vom Brocken" genannt, führte von nun an die Geschäfte des Hotelbetriebes und des Postamtes.

Das Jahr 1933 zeigte, daß die Machthaber im neuerstandenen Reich den Brocken in ihrem Geiste zu nutzen gedachten. Das darf nicht überraschen. Der als „Berg der Deutschen" oder als der „deutscheste aller Berge" bekannte Brocken hatte ja schon in der Vergangenheit als Forum patriotischer Gesinnung gedient. Im vorigen Jahrhundert wurde die Erinnerung an die Schlachten bei Leipzig und Waterloo unter anderem dadurch gepflegt, daß man Oktoberfeuer abbrannte. Diese Oktoberfeuer flammten nach dem Sieg bei Leipzig am 18. Oktober 1813 auf dem Brocken und anderen Harzhöhen am 18. Oktober eines jeden Jahres auf. Diese patriotische Sitte hatte sich dann nach dem großen Sieg bei Sedan am 1. September 1870 über die Franzosen auf die Sedansfeiern übertragen, und es wurde auch auf dem Brocken ein großes Sedansfeuer angezündet. Mit dem Untergang des deutschen Kaiserreiches hielten sich nur die Sonnenwendfeiern der deutschen Jugend, deren lodernder Flammenstoß weit in deutsche Lande hinein verkünden sollte, daß im deutschen Volk das Heimatgefühl und die Vaterlandsliebe nicht erloschen waren. Auch in den Jahren der Republik war das nationale Element bei Veranstaltungen auf dem Brocken stark ausgeprägt. Es kam zum Ausdruck in den Festreden der Brocken-Silvester-Gemeinde und in der Gründung einer „Bismarck-Gemeinde". Seit 1920 versammelten sich Anhänger und Verehrer des Reichsgründers und Reichskanzlers Fürst Bismarck alljährlich am 1. April, seinem Geburtstag, zu einer Gedenkfeier auf dem Brocken. Walther Grosse schrieb in „Der Brokken" 1926 über den patriotischen Geist, der ungebrochen war: „Hier hat die Not

der Gegenwart den hohen vaterländischen Ton wieder angeschlagen, der schon einmal in der Zeit der Befreiungskriege auf dem deutschen Berge erklungen war."
Der Brocken sollte der große Treffpunkt der deutschen Jugend werden. Am 30. April 1933 begaben sich auf Einladung der niedersächsischen Hitlerjugend junge Menschen aus vielen Teilen Deutschlands auf Brockenfahrt und feierten die Mainacht mit der Brocken-Walpurgis-Gemeinde und Besuchern aus dem ganzen Reichsgebiet. Im Programm für den 1. Mai 1934 war dann eine Kundgebung der Hitlerjugend mit Gefolgschaften aus allen deutschen Gauen vorgesehen. Laut Programm sollten in der Mainacht vom 30. April auf den 1. Mai Frühlingslieder gesungen werden. Diese Massenveranstaltung hätte die traditionelle Walpurgisfeier ins Abseits gestellt. Man wollte ja nicht nur der Wiederkehr des Frühlings gedenken, sondern vor allem mit dem „Fest der nationalen Arbeit" der Geschlossenheit des schaffenden Volkes Ausdruck verleihen.
Zur Überraschung der Jugend fand die Maifeier 1934 nicht auf dem Brocken, sondern auf der Roßtrappe statt. Es ist nicht öffentlich bekannt geworden, was so kurzfristig zur Verlegung der Kundgebung Anlaß gegeben hat. Vermutlich hat der Fürst zu Stolberg-Wernigerode Einfluß nehmen und seine Vorstellungen und Interessen geltend machen können. So blieb der Brocken, was er bis dahin gewesen war: das Reiseziel für Touristen, Naturfreunde und Wanderer. Und Baedekers „Harz" aus dem Jahr 1943 konnte über Feierlichkeiten auf dem Brocken lediglich berichten:
„Alljährlich wird hier die Jahreswende von der seit 1908 zu einem Verein zusammengeschlossenen Brocken-Silvester-Gemeinde gefeiert; ebenso findet am 1. Sonnabend im Mai eine Walpurgisfeier und um den 21. Juni eine Sonnenwendfeier statt."
Nicht die organisierte Jugend, sondern die moderne Technik eroberte den Brokken. In den Jahren von 1936 bis 1939 entstand nördlich vom Brockenhotel der 52 m hohe Fernsehsendeturm mit 14 Stockwerken, das neue Wahrzeichen des Brockens. Der Sender hatte eine Reichweite von 100 bis 120 km und war für die Aufnahme und Weitergabe der durch besonderes Kabel von der Fernsehbühne in Berlin übermittelten Szenen oder von Filmbildern bestimmt.
Die neuen Gebäude der deutschen Reichspost nahmen 1938 die Postagentur, die sich bis dahin im Brockenhotel befand, auf. Sie wurde im Erdgeschoß des Sendeturms untergebracht und in ein Zweigpostamt des Postamtes Schierke umgewandelt. Im Sendeturm führte ein Fahrstuhl bis in den 14. Stock. Von den Einrichtungen der Reichspost war aber nur das Postamt öffentlich zugänglich. Der Sendebetrieb wurde im Herbst 1939 aufgenommen.
Der Bahnhof Brocken erhielt in den dreißiger Jahren ein viertes Gleis, auf dem Wagen abgestellt werden konnten. Es ist wohl wegen der umfangreichen Bauarbeiten der Deutschen Reichspost 1936 gelegt worden. Für den Aufbau und den Betrieb des Fernsehsenders räumte die Reichspostdirektion Magdeburg auch jeden Winter die Brockenstraße, um sie befahrbar zu halten.

Seit den zwanziger Jahren hatte der Kraftverkehr mit dem Brocken stark zugenommen. Der Brockenbahn war damit seit 1925 ein starker Konkurrent erwachsen. In den dreißiger Jahren wurden vom Brockenhotel Parkplätze, Garagen und eine Tankstelle für Hotelgäste bereitgehalten. Obwohl die in Schierke beginnende Brockenstraße als private Forststraße galt, durfte sie von Fahrzeugen aller Art, auch von Reisebussen befahren werden, denn die Benutzung brachte Wegegeld in die Kasse des Fürsten. Für jeden Kraftwagen war einschließlich der Parkplatzbenutzung auf dem Brocken ein Wegegeld von 50 Rpf, außerdem für jeden Wagensitz, ob besetzt oder unbesetzt, noch einmal 50 Rpf zu zahlen.
Baedekers Reisehandbuch vom Harz beschreibt den Zustand der Brockenstraße in den dreißiger Jahren wie folgt:

„Die sehr lohnende, stark befahrene Straße, an deren Verbesserung dauernd gearbeitet wird, bietet dem Kraftfahrer keine besonderen Schwierigkeiten, nur ist sie streckenweise noch etwas schmal; einige steile und scharfe Kehren sowie die schrankenlosen Bahnkreuzungen erfordern eine gewisse Vorsicht. An schönen Sonntagen, besonders zu Pfingsten, wo der Brocken zuweilen von mehreren tausend Wagen besucht wird, können Stockungen auf der Strecke eintreten. Auch im Winter wird die Straße nach Möglichkeit befahrbar gehalten.“

Wenn auch die Pläne der Reichspost, den Brocken in ihr Kraftverkehrsnetz einzubeziehen, zurückgewiesen wurden, so hat doch die Nordhausen-Wernigeroder Eisenbahn-Gesellschaft auf die Entwicklung im Straßenverkehr ungehalten reagiert. Richard Otterbach, Verwaltungsinspektor der Bahn, notierte in der Jubiläumsschrift:

„Leider zeigte sich, daß die Fürstlich Stolberg-Wernigerodische Verwaltung, den Boden vornehmsachlicher Einstellung früherer Zeiten verlassend, unter neuer Leitung mehr eigensüchtig kaufmännischen Interessen zuneigte und nicht mehr aufrichtig zu dem Geiste abgeschlossener Verträge stand. Damit wurde das vertragliche Alleinrecht der Harzquerbahn für den Brocken sehr durchlöchert und entwertet. Dagegen wahrte die Fürstliche Verwaltung die Monopolstellung des ihr gehörigen Brockenhotels, sehr zum Nachteil des Verkehrs jeden Wettbewerb fernhaltend.“

Der Bau des hohen Sendeturms zwischen dem Wolkenhäuschen und dem Observatorium machte Wettermessungen an anderer Stelle des Brockenplateaus unumgänglich. So entstand im Jahr 1938 die neue Wetterwarte, ein fünfgeschossiges Gebäude, südöstlich des Hotels. Der in der Nähe der neuen Warte gelegene Alpenpflanzengarten wurde 1939 erneuert, da die natürliche Brockenflora die Anpflanzungen unterdrückt und das Versuchsfeld fast vollständig eingenommen hatte. Das Wolkenhäuschen, die 1736 erbaute erste Schutzhütte des Brockens, machte neben dem riesigen Fernsehsendeturm die bauliche Entwicklung auf dem Berg im Laufe von 200 Jahren deutlich.
Nach dem Verkehrsrückgang in den Jahren 1930 bis 1933, an der die Wirtschafts-

krise, aber auch die Entwicklung im Straßenverkehr Anteil hatten, versuchte die Direktion, den Bahnbetrieb weiter zu modernisieren und den Zugverkehr beweglicher zu gestalten. Im Jahr 1936 kam der erste dieselelektrische Triebwagen zum Einsatz, der Personenzüge mit bis zu 3 Wagen zog. Im selben Jahr konnten in Wernigerode die lange geplante Neugestaltung des Bahnhofs Westerntor und die Verlegung der Gleisanlagen zwischen Westerntor und dem Hauptbahnhof ausgeführt werden. Im Februar 1939 wurde mit dem Bau des neuen Endpunktes der Bahn begonnen. Der alte Bahnhof, der durch den Bahnhofsplatz vom Reichsbahnhof Wernigerode getrennt war, kam zum Abbruch. Als am 15. Dezember 1939 der neue Endbahnhof dem Betrieb übergeben wurde, war endlich die unmittelbare Verbindung zwischen dem Reichsbahnhof und dem Bahnhof der schmalspurigen Harzquerbahn und Brockenbahn hergestellt. Das ermöglichte täglich Tausenden von Reisenden ein bequemes Umsteigen.

Im Unterschied zu den zwischen Nordhausen und Wernigerode verkehrenden Personenzügen mit ein- und zweistelligen Zugnummern, erhielten die Züge auf der Brockenstrecke dreistellige Nummern. Dabei wurde nach der Fahrtrichtung unterschieden: die in Richtung Nordhausen und Brocken fahrenden Züge hatten gerade Nummern, die in Richtung Wernigerode fahrenden Züge ungerade Nummern, z. B. P 1, P 5, P 3 a, P 53, P 101 und P 109. So lief der erste von Wernigerode zum Brocken abgehende Personenzug des Tages unter der Zugnummer P 100, auf der Rückfahrt unter der Zugnummer P 101. Diese Zugnummern erschienen nicht nur in den Fahrberichten und Fahrplänen, sondern auch auf den Bahnpoststempeln. Ein mit „Wernigerode–Brocken – Bahnpost – Zug 107 – 3. 10. 1934“ gestempelter Brief wurde z. B. in dem um 16.12 Uhr ab Bahnhof Brocken fahrenden Zug gestempelt.

Im Kriegsjahr 1940 wurden noch zwei neue Triebwagen geliefert und mit dem Wagen T 2 im Juni 1940 auf der Brockenstrecke Probefahrten durchgeführt. Sie konnten 56 t ziehen, d. h. 4 Wagen im Zug auf den Steilrampen der meterspurigen Bahn mitführen. Die Rationierung von Brennstoff hat die drei Triebwagen während des Krieges nicht zum vollen Einsatz gelangen lassen. So wurde der Zugverkehr überwiegend mit einer 1939 von der Lokomotivfabrik Fried. Krupp, Essen, gelieferten fünfachsigen Lokomotive (Betriebsnummer 21) und den anderen 8 schweren Dampflokomotiven abgewickelt.
Die Kriegsjahre brachten eine fast sprunghafte Zunahme des Personenverkehrs: der Straßenverkehr war stark zurückgegangen, Tagesausflüge mit der Bahn in den Harz nahmen zu. Wie in den Jahren vor und nach dem Ersten Weltkrieg stiegen die Fahrgastzahlen auf den Strecken der Nordhausen-Wernigeroder Eisenbahn-Gesellschaft wieder auf über 1 Million pro Jahr an. Besuchten in den ersten Jahren dieses Jahrhunderts an Sonntagen oder Feiertagen noch etwa 2000 Reisende und Wanderer den Brocken, so waren es Ende der dreißiger und Anfang der vierziger Jahre an die 10 000 am Tag.
Das Jahr 1945 hinterließ in jeder Beziehung die tiefgreifendsten Änderungen. Im

Verlauf der Kämpfe um das Harzgebirge wurde der Brocken am 17. April 1945 von amerikanischen Jagdbombern angegriffen, das Brockenhotel durch Bomben zerstört, der Fernsehsender, die Wetterwarte und der Bahnhof schwer beschädigt. Das Fürstenhaus Stolberg-Wernigerode wurde 1945 enteignet.
Seitdem haben neue Herren die Macht über den Berg erlangt, und eine großartige Entwicklung, die bestimmt war vom Bau der Brockenbahn und vom Ausflugs- und Touristenverkehr, fand ihr jähes Ende.

Bahnbetrieb 1950–1961

Am 27. März 1949 jährte sich zum 50. Mal die Aufnahme des durchgehenden Betriebes auf der Harzquerbahn und Brockenbahn. Doch die politischen und wirtschaftlichen Verhältnisse vier Jahre nach dem Kriegsende waren nicht dazu angetan, das Jubiläum unbeschwert zu feiern. Der Personenverkehr zwischen Drei-Annen-Hohne und dem Brocken ruhte seit dem 30. 9. 1944, und die Strecke Nordhausen–Wernigerode war nicht durchgehend befahrbar, weil am 13. 1. 1948 im Ilfelder Tal durch Hochwasserschäden eine Eisenbahnbrücke zusammengestürzt war. Schwerwiegender aber war, daß am 15. 8. 1948 die Nordhausen-Wernigeroder Eisenbahn-Gesellschaft durch die Landesregierung Sachsen-Anhalt enteignet und die Bahn von der Vereinigung Volkseigener Betriebe des Verkehrswesens Sachsen-Anhalt übernommen worden war. Es war zum Zeitpunkt des Jubiläums abzusehen, daß die noch in alter Weise arbeitende Betriebsführung und Verwaltung der Schmalspurbahn an die Deutsche Reichsbahn übergehen und damit die eingeschränkte Selbständigkeit ganz aufhören würde.
Das war Anlaß genug, unter dem neuen Betriebsleiter – Eduard Scharnhorst war nach der Enteignung aus der Direktion ausgeschieden und Hans Dorner an seine Stelle getreten – das Jubiläum der Privatbahn festlich zu begehen. Ein Festprogramm „50 Jahre NWE“ wurde ausgearbeitet. Geladene Gäste kamen mit einem Sonderzug aus Nordhausen und dem Harz nach Wernigerode, wo die Veranstaltungen stattfanden und am Nachmittag ein Triebwagen mit dem Sonderzug nach Schierke bereitgestellt wurde. Der 27. März 1949 war ein Sonntag.
Verwaltungs-Inspektor Otterbach hatte sogar eine Festschrift vorgelegt. Das 50 Seiten umfassende Manuskript wurde aber von der Zensur als für den Druck nicht geeignet angesehen. Die Mitteldeutsche Druckerei und Verlagsanstalt GmbH gab daher die Festschrift dem Verfasser mit Begleitschreiben vom 27. 5. 1949 zurück. In dem Schreiben hieß es:

„Die Prüfung durch das Lektorat unserer Gesellschaft hat ergeben, daß das Manuskript Darstellungen enthält, die nicht dem Sinne der heutigen Zeit entsprechen. Dadurch besteht die Gefahr einer Ablehnung der Festschrift. Wir werden gebeten, Sie zu veranlassen, die beanstandeten Stellen umzuschreiben.
Es wird als untragbar empfunden, daß die Jahre von 1930 bis 1933 als wirtschaftliche Depression hingestellt und die Zeit nach 1933 als Wirtschaftsaufschwung bezeichnet werden. Genauso ist es nach der Auffassung unseres Lektorats unmöglich, die Firma Krupp in der Zeit des Krieges als außerordentlich fördernd für den Maschinenbau der Kleinbahn herauszustellen . . .“

Otterbach hatte gegen den Grundsatz sozialistischer Geschichtsschreibung verstoßen, wonach jede Aufwärtsentwicklung dank der „großzügigen Hilfe der Sowjetunion“ erst nach 1945 einzusetzen hatte. So konnte zum Jubiläum nur die zweite und letzte Nummer der „Brocken-Post“ erscheinen (die erste Ausgabe erschien am 30. Mai 1924). Das achtseitige Blatt beschränkte sich auf harmlose Reime, in denen Stärken und Schwächen der Kollegen aufgedeckt wurden, auf Anekdoten aus dem Bahnbetrieb und auf „Anzeigen“ wie diese: „Ungebrochener Rekord! Halte noch immer das Blaue Band einer Brockenbergfahrt. Oberlokführer Willy Drechsler.“

Daß trotz Reparationsleistungen und Mangel aller Art beachtliche Aufbauarbeit geleistet wurde, läßt sich an der Bautätigkeit auf dem Brocken, an der Wiederinbetriebnahme der Brockenbahn und an der Modernisierung des veralteten Lokomotivparks ablesen.

Zunächst wurden die Voraussetzungen für das Befahren der Brockenstrecke geschaffen. Die Grenze zwischen der Britischen und der Sowjetischen Besatzungszone folgte alten Ländergrenzen (im Brockengebiet der Grenze zwischen den preußischen Provinzen Sachsen und Hannover) und trennte die Brockenstrecke am Goetheweg, wo ein Zipfel westlichen Gebiets sich bis an die Hirschhörner vorstreckte, so daß etwa 380 Meter Schienenweg in der Britischen Zone verliefen. Der Grenzverlauf am Goetheweg ist dann aufgrund eines Abkommens der gemischten Grenzaufklärungskommission korrigiert worden. Der Vertrag, der den Gebietsaustausch regelte, wurde in Braunlage am 12. 9. 1945 von Oberst Kowaljow von östlicher Seite und von Brigadegeneral Philipps von westlicher Seite unterschrieben. Damit war der Schienenweg zum Brocken frei. Doch hielten amerikanische Truppen den Sender noch bis zum 27. April 1947 besetzt, so daß erst 1948 an die Inbetriebnahme der Brockenstrecke für Materialtransporte und an den Aufbau gedacht werden konnte.

Der Fernsehsendeturm des Brockens diente während des Krieges militärischen Zwecken. Im Turm waren Versuchsstationen, Störsender, eine Flugmeldezentrale und eine Dezimeterstation untergebracht. Meteorologen und Funker waren auf dem Berg noch tätig, als jeglicher Touristenverkehr aufgehört hatte. Die ersten Besucher nach dem verlorenen Krieg waren Einwohner aus den umliegenden Orten, die sich aus den Trümmern alles Brauchbare heraussuchten. Vereinzelt haben auch Skiläufer und Grenzgänger die zerstörten Gebäude aufgesucht.

In dem von den Amerikanern geräumten Sendeturm wurde ab September 1947 zunächst der meteorologische Dienst behelfsmäßig untergebracht. Nachdem im Sommer 1948 die Schäden an der Wetterwarte beseitigt waren, konnten die Meteorologen vom Sendeturm in das 1938 erbaute Observatorium um ziehen. Danach begann der Aufbau des neuen Brockenhotels. Rund 60 Bauarbeiter waren damit beschäftigt, die Ruinen des alten Hotels abzutragen und in dem beschädigten Fernsehturm ein Restaurant, ein Café, Hotelzimmer und Senderäume einzurichten. Der Aussichtsturm aus dem Jahr 1891 wurde 1949 gesprengt. Er hatte ausgedient. Denn das im 8. Obergeschoß des neuen Hotels eingerichtete Turmcafé gewährte den Besuchern einen großartigen Ausblick in alle Richtungen.

Am 21. Mai 1950, als der Touristensaal im Erdgeschoß des Sendeturm geöffnet wurde, konnten Brockenbesucher erstmals nach dem Krieg wieder bewirtet wer-

den. Am 19. April 1951 nahm der UKW-Sender im Turm den Betrieb wieder auf. Im Jahr 1954 wurde mit dem Bau neuer Sendeanlagen auf dem Turm begonnen, und am 23. Juni 1955 strahlte der neue Fernsehsender Brocken die ersten Sendungen aus. Auch der Alpenpflanzengarten, der beim Bombenangriff am 17. 4. 1945 verwüstet worden war, erhielt um diese Zeit durch das botanische Institut der Universität Halle unter Professor Meusel neue Anlagen.
Im Sommer 1949 waren 40 Straßenbauarbeiter eingesetzt, um die Zufahrtsstraße zum Brocken zu erneuern. Die „Volksstimme“ vom 21. 7. 1949 berichtete darüber:

Anfang September soll die Brockenstraße wieder dem Verkehr übergeben werden. Diesmal aber kostenlos für den Benutzer – in vergangenen Zeiten wurde pro Wagensitz die Gebühr von 50 Pfennig verlangt. Die schnelle Durchführung der Bauarbeiten auf der Brockenstraße beruht auf der Initiative des Landesstraßenbauamtes Halberstadt, das den Ausbau in eigener Regie übernommen hat. Ihm obliegt auch der Neubau der durch Kriegseinwirkung zerstörten ehemaligen Kronprinzenbrücke, die am Ortsausgang von Schierke über die Brockenstraße führt und zum gleichen Zeitpunkt fertiggestellt sein wird.
In früheren Jahren war es nie möglich, im Winter die Brockenstraße von Schnee freizuhalten. Auch dieses Problem soll gelöst werden. Gemeinsam mit der BGL will das Landesstraßenbauamt Halberstadt eine Antriebsmaschine für Schneeräumgeräte, möglichst eine Schneeschleuder, einsetzen, um so den Verkehr auch im Winter zu ermöglichen.

Am 1. Januar 1950 erfolgte der Anschluß der enteigneten Bahn an die Deutsche Reichsbahn. Die Aufgaben der Betriebsleitung in Wernigerode waren an die Reichsbahn-Direktion Magdeburg und an das Reichsbahnamt Halberstadt übergegangen. Den ersten Ansturm des nun einsetzenden Nachkriegstourismus hatte die Brockenbahn im Februar 1950 zu bewältigen, als die 1. Deutschen Meisterschaften im Wintersport in Schierke ausgetragen wurden. Da die Hälfte der 100 000 Sportler und Zuschauer mangels anderer Transportmittel mit der Bahn anreisen mußte, fiel der Schmalspurbahn eine gewaltige Aufgabe zu. Die Lösung dieser Aufgabe bedurfte einer umfassenden Planung, die Ende des Jahres 1949 noch von der Betriebsleitung in Wernigerode in Angriff genommen worden ist. Betriebsleiter Hans Dorner umriß die einzelnen Maßnahmen:

„In erster Linie war es notwendig, dringend benötigte Ersatzteile für Lokomotiven und Triebwagen, diese vornehmlich von den im Westen gelegenen Herstellerwerken, zu beschaffen und alle Fahrzeuge, soweit erforderlich, in Ordnung zu bringen. Da der Bestand an Reisezugwagen nicht ausreichte, um dem zu erwartenden Massenandrang zu genügen, wurden zusätzlich solche von den thüringischen Schmalspurbahnen abgezogen und der Nordhausen-Wernigeroder Eisenbahn zur Verfügung gestellt. Da die Sportzüge bis zu der am Eckerloch neu erbauten Sprungschanze fahren sollten, mußten kurz oberhalb der Eckerlochkurve der

Brockenbahn ein Umsetzgleis und im Bahnhof Schierke ein Abstellgleis für Züge neu gebaut werden. Außerdem waren die seit längerer Zeit nicht mehr in Betrieb befindlichen Kreuzungsbahnhöfe Steinerne Renne und Drängetal wieder betriebsfähig zu machen."

Etwa 50000 Gäste brachte die Brockenbahn innerhalb von wenigen Tagen zu den Sportstätten im Brockengebiet. Wenn man bedenkt, daß die durchschnittliche Zahl der Reisenden auf der Brockenbahn zwischen den Weltkriegen pro Sommerhalbjahr bei 80000 gelegen hat, so kann man ermessen, welche Leistungen von den Eisenbahnern bei dieser Wintersportveranstaltung erbracht worden sind.
Am 28. Mai 1950 (Pfingstsonntag) fuhr nach fast sechsjähriger Unterbrechung der erste Reisezug wieder zum Brocken. Zunächst verkehrten die Züge nur sonntags und feiertags, aber ab 1951 fuhren sie im Sommer wieder täglich hinauf. Die unmittelbar an der Zonengrenze gelegene Station Goetheweg hatte ihre Bedeutung als Haltestelle verloren und diente lediglich noch als Zugkreuzungspunkt.
Es waren noch immer die altbewährten Wagen und Lokomotiven im Einsatz, doch trug das rollende Material jetzt sechsstellige Nummern der Deutschen Reichsbahn. Die beiden schweren Borsig-Lokomotiven, die hauptsächlich die Personenzüge auf der Brockenstrecke fuhren, waren wie die anderen Schmalspurlokomotiven der Baureihe 99 zugeordnet und liefen fortan unter den Nummern 99 6011 (vordem NWE Nr. 51) und 99 6012 (NWE Nr. 52).
Das neue Brockenhotel konnte sich in Größe und Ausstattung keineswegs mit dem bei Kriegsende zerstörten Hotel messen. Von den 14 Etagen des Sendeturms waren nur 9 ausgebaut worden. Früher standen 200 Betten den Gästen zur Verfügung, im neuen Hotel nur noch 55. Doch wie ehedem hatte man an die künstlerische Gestaltung der Gemeinschaftsräume gedacht. War es nach dem Ersten Weltkrieg Prof. Adolf Rettelbusch, so wirkte nach dem Zweiten Weltkrieg Prof. Bert Heller, der von 1945 bis 1949 in Wernigerode eine vorübergehende Heimstatt gefunden hatte, auf dem Brocken. Seine Holzmalereien in dem rustikal eingerichteten Touristensaal im Erdgeschoß des Hotels erinnerten alte Freunde des Berges an die versunkene Pracht und Herrlichkeit vergangener Tage. Doch Jahrzehnte lang gepflegte Bräuche und Feierlichkeiten kamen unter den neuen Herren des Brockens nicht wieder auf: es fuhren keine Walpurgiszüge mehr, und es gab keine Brockengemeinden, keine Walpurgisfeiern mehr. Auch das Zweigpostamt Brokken ist nicht wieder geöffnet worden.

Rudolf Koch, der sich am 30. April 1951 aus dem Westen über die Zonengrenze wagte, um die Walpurgisnacht auf dem Brocken zu erleben, kam tief enttäuscht vom alten Zauberberg zurück und schrieb darüber:

„Noch vor Mitternacht erreichte ich das Ziel. Zu meinem Erstaunen hatten sich hier auf der Gipfelfläche zur Walpurgisnacht keine Hexen niedergelassen. Im Gegensatz zu meinen vorangegangenen Besuchen fiel mir auf, daß überall die Transparente fehlten. Hatten etwa die Hexen auf ihrem Durchflug die roten

Spruchbänder mitgerissen? Bei meinem Eintritt in die Berggaststätte musterte mich erstaunt eine junge Dame, das einzige Wesen in dem großen Raum. Wir kamen sofort in ein anregendes Gespräch. Und so erfuhr ich, daß seit einigen Tagen eine Dienststelle der Volkspolizei auf dem Brocken stationiert war. Nun wollte ich aber in dieser Walpurgisnacht nicht gerade dem Teufel in die Hände fallen und hielt es daher für ratsam, das gastliche Haus schleunigst wieder zu verlassen.“

War der alte Zauber auch weg und früherer Glanz erloschen, die Besucher kamen im Sommer dennoch in Scharen. Nach den entbehrungsreichen Hungerjahren wollte man wieder reisen, heraus aus Armut und Enge. Doch die Ziele waren eng gesteckt, überall waren Grenzen, da hatte man wenig Raum; und wenn es nicht die Schneekoppe und die Zugspitze sein durften, dann eben der Fichtelberg und der Brocken!

Der Straßenverkehr, diese lästige Konkurrenz der Brockenbahn in der Vorkriegszeit, lag darnieder, und die Masse der Urlauber mußte sich für den Fußweg oder die Brockenbahn entscheiden. Die Reichsbahn mußte nicht werben. Die Brockenzüge waren immer gut besetzt. Da störte es auch nicht, wenn in Schierke oder am Goetheweg Volkspolizisten zustiegen, um den „Sicherungsauftrag“ auszuführen und nach „Grenzverletzern“ zu fahnden.

Es sah am Anfang so aus, als sollte ein neues Kapitel in der Geschichte der Brokkenreisen geschrieben werden. Es waren wieder Ansichtskarten da, vom neuen Brockenhotel, von der Wetterwarte, von der Brockenbahn, auch wieder Reiseandenken, Spazierstöcke, Stocknägel. Und es gab die ersten Reisebeschreibungen mit alten und neuen Bildern vom Harz und vom Brocken, die zaghaft das neue Deutschland aufzeigen und an die großen Schilderungen eines Hermann Löns und eines Hans Hoffmann anknüpfen wollten. Die „Harzreise im Sommer“ von Heinz Klemm, eine lebendige Plauderei aus dem Jahr 1951 über das Alte und Neue, das überwunden Geglaubte und Erhoffte, nimmt da den ersten Platz in der Brockenliteratur der Nachkriegszeit ein. Klemm erinnert in der Zeit politischer Konfrontation an die verbindende Kraft des überragenden Berges: „Heute führt die Grenze, die unser Vaterland noch immer in zwei Teile spaltet, hart am Brocken vorüber. Aber es bleibt dabei – dieser Berg liegt mitten in Deutschland, mitten in seinem Herzen.“

Das Buch „Harzreise im Sommer“ war eben erst erschienen, da trat der erste Rückschlag in dem so hoffnungsvoll anlaufenden Reiseverkehr auf der Brockenstrecke ein. Am 26. Mai 1952 beschloß der Ministerrat der DDR eine „Verordnung über Maßnahmen an der Demarkationslinie zwischen der DDR und den westlichen Besatzungszonen Deutschlands“ und am 9. Juni 1952 die „Verordnung über weitere Maßnahmen zum Schutz der DDR“. Damit wurden auch im Brokkengebiet ein 10 Meter breiter Kontrollstreifen, ein 500 Meter breiter Schutzstreifen und eine 5 Kilometer breite Sperrzone geschaffen. Brockenbesucher mußten nach diesen Maßnahmen einen Passierschein bei sich tragen. Da die Ausgabe von Passierscheinen durch die zuständigen Behörden großzügig gehandhabt wurde,

nahm der Verkehr auf der Brockenstrecke in den folgenden Jahren wieder zu. Mit Einführung des Winterfahrplans 1954/55 fuhren Reisezüge erstmals auch während der Winterzeit zweimal täglich bis Schierke.
Im Jahr 1954 trafen die ersten drei Neubaulokomotiven in Wernigerode ein, die zunächst auf den kurvenreichen Strecken erprobt wurden. Dreizehn Lokomotiven der Neubauserie ersetzten dann ab 1956 die alten Triebfahrzeuge. Es waren die schwersten Maschinen, die jemals auf der Harzquerbahn und Brockenbahn eingesetzt wurden. Die auf sieben Achsen laufenden Dampflokomotiven konnten mühelos 8 Personenwagen über die Brockenstrecke ziehen. Damit waren die Voraussetzungen für eine weitere Verkehrssteigerung erfüllt und die lange geplante Modernisierung des Lokomotivparks endlich verwirklicht worden.
Im September 1956 wurde das Heine-Denkmal auf dem Brocken eingeweiht, ein Monolith mit dem Bildnis und dem Namen des Dichters, entworfen von dem Dresdner Bildhauer Johann Friedrich Rogge. Am Sonntag der Einweihung wurden rund 5000 Brockenbesucher gezählt. Im Jahr 1954 war das im Krieg beschädigte Wolkenhäuschen wiederhergestellt worden. Die Goethe-Plakette, die 1927 mit dem Hinweis „Hier weilte Goethe am 10. Dezember 1777" am Wolkenhäuschen angebracht wurde, war nach Kriegsende abhanden gekommen und durch eine neugegossene Plakette 1954 in alter Form ersetzt worden.
Trotz Reisebeschränkungen in der Sperrzone konnte dank der Leistungsfähigkeit der Bahn in den vier Jahren von 1957 bis 1960 der Brocken einem wachsenden Besucherstrom zugänglich gemacht werden. Da von Bad Harzburg, Torfhaus und Braunlage niemand mehr hinauf wandern konnte, der Kraftverkehr auf der Brockenstraße unbedeutend blieb und die meisten Reisen durch staatliche Reisebüros organisiert wurden, reisten die meisten Urlauber über Wernigerode mit der Brockenbahn an. Im Jahr 1957 wurden 154047 Reisende gezählt, die mit der Bahn zum Brocken fuhren! In den folgenden Jahren konnte dieses Ergebnis noch übertroffen werden. Allein im Juli 1960 brachte die Brockenbahn rund 90000 Besucher nach oben. In den Glanzzeiten der Bahn waren es rund 250000 pro Saison gewesen.
Derartige Massen konnten in den bescheidenen Räumen des neuen Hotels weder untergebracht noch bedient werden. So blieb den meisten Brockenbesuchern nur der Rundgang über den Gipfel, der Blick auf die tiefer liegenden Harzberge und die Fernsicht, falls die Witterungsbedingungen das erlaubten. Um dem Massentourismus gerecht zu werden, hätte es weit größerer gastronomischer Einrichtungen bedurft als in der Vorkriegszeit. Doch auf dem Brocken fehlte es wie überall in der DDR an ausreichend Unterkünften und Speisesälen.

Am 12. August 1961 faßte der DDR-Ministerrat einen Beschluß über weitere Sperrmaßnahmen an den durch Deutschland und durch Berlin verlaufenden Grenzen. Als Folge davon wurde der Personenverkehr zum Brocken eingestellt und der Bahnbetrieb nur noch bis Schierke durchgeführt. Bis zum 12. 8. 1961 fuhren die Züge noch planmäßig zum Brocken. Auch am 13. 8. 1961 wurde der erste

Zug mit Fahrtziel Brocken in Wernigerode abgefertigt, doch unerwartet in Schierke angehalten, und dem Zugpersonal wurde die Weiterfahrt durch die Volkspolizei untersagt. Ganz plötzlich war der Brocken als Reiseziel nicht mehr existent!
Auf das flache Dach des Brockenhotels war 1955 ein Sendemast gesetzt worden. Der Mast wurde in den folgenden Jahren mehrmals erhöht. Das Hotel, das den Sender beherbergte, wurde 1961 Kaserne und mit einer Kompanie des „Kommandos Grenze“ der „Nationalen Volksarmee“ belegt. Seitdem ist „Wachsamkeit“ das Ziel der auf dem Brocken stationierten Männer, die an der Grenze patrouillieren, den Sender betreiben und die Wettermessungen vornehmen. 1967 wurde sogar ein „Grenzhelfer-Kollektiv“ gebildet, das die „Kollegen vom Sender Brocken“ verpflichtete, „freiwillige Helfer der Grenztruppen“ zu werden.
Der Brocken hat mit dieser unheilvollen Entwicklung die Rolle als herausragendes touristisches Ziel vorerst verloren. Doch er wird weiterhin als der Berg der Deutschen angesehen und auf das engste mit Freiheit und Unfreiheit in Verbindung gebracht werden. Deutsche aus Ost und West werden auch künftig zum Brocken hinaufblicken und die weitere Entwicklung aufmerksam verfolgen.
Bis 1961 hat der Brocken ungezählten Menschen unvergleichliche Eindrücke und das Erlebnis persönlicher Freiheit vermitteln können. Wer oben war, das weite Land unter sich und den freien Himmel um sich hatte, fand sich losgelöst von allen Bindungen und Zwängen wieder. Nur wenige haben dieses großartige Erlebnis so wie Heinrich Heine in Worte fassen können. Nach den Sperrmaßnahmen von 1961 verkehren zwischen Schierke und dem Brocken wöchentlich im Durchschnitt nach Bedarf nur noch 3 Güterzugpaare ohne Personenbeförderung.
Wenngleich dem Titel entsprechend die Brockenbahn und ihre Fahrgäste immer in den Vordergrund gestellt wurden, so sollen doch abschließend auch die Wanderer Erwähnung finden, die als Brockengänger ein ganz besonderes Verhältnis zum höchsten Berg des Harzes gefunden hatten. Ihre persönlichen Leistungen zeigen, was in diesem Jahrhundert neben den technischen Leistungen – der erste Fernsehsender der Welt stand auf dem Brocken! – noch möglich gewesen ist. Einer Zusammenstellung aus dem Jahr 1930 („Magdeburgische Zeitung“ vom 29. 11. 1930) ist zu entnehmen:
„Brocken-Müller“ aus Osterode war bis zum Jahr 1930 genau 75 Mal zum Brokken gewandert. Fritz Grönitz aus Gandersheim, genannt „Onkel Fritz“, brachte es bis dahin auf 80 Brockenwanderungen. „Vater Baumann“ aus Altenau verzeichnete am 27. September 1930 im Alter von 75 Jahren bei einer Lönsfeier auf dem Brocken den 160. Aufstieg. Hermann von Frankenberg aus Braunschweig, „der Alte vom Berge“ und 1. Vorsitzender des Harzklubs, hatte um diese Zeit 190 Brockenbesteigungen aufzuweisen. 210 Brockenwanderungen hatte ein ebenfalls in Braunschweig beheimateter „Onkel Tom“ hinter sich. Und der Angestellte Fricke von der Stadtsparkasse Wernigerode brachte es unter dem Namen „Brokkengeist“ bis 1930 auf 279 Brockenwanderungen, die überwiegend auf Skiern zu-

rückgelegt wurden. –
Ein Wernigeröder und ein Hasseröder standen ganz oben in der Liste der Rekord-Brockengänger. Der erwähnte Willi Fricke aus Hasserode war schon vor dem Ersten Weltkrieg als Skilangläufer im Brockengebiet unterwegs und wurde für seine Leistungen vom Brockenwirt Schade geehrt. Er brachte es bis zum Jahr 1941 auf die stattliche Zahl von 500 Brockenbesteigungen. Genauso bekannt war im Brockenhotel der Kaufmann Willi Beyer. Der „Brocken-Willi" wurde, als er sich 1929 zum 500. Mal nach einer Wanderung in das Brockenbuch eingetragen hatte, von der Brockenwirtin, Frau Charlotte Schade, ausgezeichnet. In der Silversternacht 1933/34 hatte der Bergsteiger seine 600. Brockenwanderung zurückgelegt und wurde von mehreren hundert Silvestergästen im Brockenhotel stürmisch gefeiert. Wie oft dieser Rekordmann später noch nach oben gewandert ist, konnte auch Gerhard Bombös nicht mehr ermitteln. Bombös, der Herausgeber der „Wernigeröder Zeitung", berichtete in Ausgabe Nr. 162 vom Dezember 1976 über den letzten großen Brockengänger und über die künftige Entwicklung:

„Willi Beyer, ein angesehener Wernigeröder Kaufmann, betrieb im Haus Breite Straße 41 eine Getreide-, Futtermittel- und Kartoffelhandlung. Er wurde 1875 in der Nöschenröder Kaiserstraße geboren und starb 1949 in Wernigerode. Nach dem Motiv für seine zahlreichen Brockenwanderungen befragt, meinte Sohn Werner Beyer, daß der Vater einmal ein ganz großer Naturfreund war, den der Oberharz und besonders das Brockengebiet faszinierten. Sein Ideal war Hermann Löns, mit dem er sich gedanklich verbunden fühlte. ‚Brocken-Willi' war aber eng befreundet mit dem Manne, der auf der Höhe des Harzes viel investierte und den Brocken zum nationalen und internationalen Touristenziel ausbaute, Hotelier Rudolph Schade. Viele Artikel aus dem Beyerschen Geschäft wurden ins Brockenhotel geliefert. Aus einer geschäftlichen Verbindung ergab sich die spätere private Freundschaft.

Der Rekord des ‚Brocken-Willi' wird in der Zukunft nicht übertroffen werden. Auf unbestimmte Zeit hinaus dominieren auf dem Gipfel des Harzes technische Anlagen und militärische Macht. Die Natur hat sich unterzuordnen. Sollte dennoch eines Tages der Brocken wieder der Bevölkerung zugänglich gemacht werden, dann dürfte sich im Zeitalter der totalen Motorisierung und der immer müder werdenden Knochen unserer Zeitgenossen kaum wieder ein ‚Brocken-Willi' finden – ganz abgesehen davon, daß die Zeit viel hektischer und die persönliche Belastung jedes einzelnen viel stärker geworden sind, um noch derartige Bergwanderungen ‚im Hundert' durchführen zu können.

Mit ‚Brocken-Willi', ‚Brockengeist' und all den andern Brockenmännern ging ein Zeitabschnitt zu Ende, der keine Wiederholung finden wird."

Brockenfahrten

Der neue Weg zum Gipfel

Betrachtungen aus dem Jahr 1899 von Hans Hoffmann

Anders als früher gestaltet sich eine Brockenfahrt und ein Brockenaufenthalt heute! Aus einer starken Strapaze ist ein Ausruhen geworden, aus Entbehren und Unbequemlichkeit ein Schwelgen in üppigen Mahlzeiten und molligen Betten: im Frühling 1899 ist die Brockenbahn eröffnet worden und zugleich die erste Querbahn über den ganzen Harz.

Wir steigen beruhigten Gemütes in Wernigerode aus dem Zug der Staatsbahn in die Schmalspurwagen der Gebirgsbahn, deren weite Fenster ein bequemes Ausschauen ermöglichen. Auch ist dafür gesorgt, daß der Landschaftsgenuß nicht durch eine allzu stürmische Heftigkeit der Fahrt beeinträchtigt werde; wenn das Kursbuch sagt, daß auf 32 Kilometer 2 Stunden verwendet werden, so sagt das ja genug; ein Radfahrer macht's allenfalls in der halben Zeit – freilich nur bergab. Da es zudem eine reine Adhäsionsbahn ganz ohne Zahnrad ist, so werden bei der sehr allmählichen Auffahrt naturgemäß alle Winkel ausgefegt und die Höhen von allen Seiten betrachtet, so daß dem Fahrgast im Wechsel der Szene das Mögliche geboten wird.

Die Fahrt geht zunächst im Bogen um die Stadt, dann durch Hasserode etwas abseits von der Hauptstraße und um ein Geringes über der Talsohle, wodurch sogleich ein prächtiger Brockenblick sich auftut und wir unsere Hoffnung auf gute Aussicht vom Gipfel von vornherein abschätzen können – freilich nicht selten mit schweren Rechnungsfehlern. Wir fahren an der Kirche vorüber, einem etwas wunderlichen Experiment Friedrich Wilhelm IV., einem byzantischen Zentralbau mit weit abgesondertem Glockentürmchen, und biegen dann zur Rechten des Beerbergs in das sich jäh verengende obere Holtemmetal ein. Mit einem Schlage sind wir aus der belebten dörflichen Flur mitten ins dunkle Waldgebirge versetzt. Einige Minuten lang hat es den Anschein, als habe der Zug die Absicht, mit kühnem Draufgehen den Brocken in geradem Anstieg durch die Steinerne Renne zu nehmen.

Doch das geht ohne Zahnrad nicht an; wir überqueren plötzlich in sehr kurzem Bogen die schmale Talsohle, um drüben in genau entgegengesetzter Richtung an der Lehne des Beerbergs dahinzufahren. Man könnte fürchten, der Zug trete, völlig entmutigt von den Schrecken der beginnenden Wildnis, einen fluchtähnlichen Rückzug auf Wernigerode an, wenn nicht gerade jetzt ein energisches Ansteigen uns eines Besseren belehrte. Ja, bald machen wir eine neue starke Biegung um die Nase des buchenbestandenen Beerbergs herum und nehmen an seinem östlichen Hang so ziemlich die anfängliche und zielbewußte Richtung wieder auf.

An dieser Stelle entsteht mit mathematischer Sicherheit eine Bewegung im Publikum; man drängt die Köpfe noch näher an die Fenster und hebt ein vielstimmendes Bewundern an. Und man hat auch allen Grund dazu: der Rückblick auf das hellschimmernde Hasseröder Tal mit der Stadt und dem Schlosse dahinter ist wahrhaft entzückend in seinem lebhaften Farbenglanz, zumal wenn voller Sonnenschein den heiteren Eindruck noch steigert. Fast gleichzeitig aber eröffnet sich auch schon nach der anderen Seite ein scharf gegensätzliches Bild, ein großartiger Gebirgsblick in das tannendunkle Drängetal, über dem wir jetzt schon in bedeutender Höhe dahingleiten, während die alte Fahrstraße mit viel geringerer Aussicht die Talsohle entlangschleicht.

Schade, daß man kaum Zeit hat, diese beiden schnell einander ablösenden Prachtbilder recht in sich aufzunehmen; ein Aufenthalt von einigen Minuten wäre hier eine erfreuliche Zutat.

Die Bahn setzt mit einer weiten Ausbiegung über das Thumkuhlental, das zum Ottofelsen und dem Forsthaus Hohne hinaufführt, und folgt dann dem Drängetal bis zu seinem Ende. Einmal gibt es einen kleinen Tunnel, von dem man behauptet, er sei zwecklos wie ein Kunstwerk, nur um seiner selbst willen und zur Freude des Volkes erbaut, und der deshalb sinnvoll der Renommiertunnel genannt wird. Einige Male geht es über steile, hohe Dämme, dieses nicht zur Freude des Volkes, denn es sieht etwas beängstigend aus. Nachdem wir auf der Höhe des Drängetalkopfes mehrere Quelladern des Zillierbaches überquert haben, erreichen wir die Station Dreiannen-Hohne, wo die Lokomotive Wasser und der Reisende andere Getränke einzunehmen pflegt. Hier ist schon ein neues ansehnliches Gasthaus entstanden, wo man auch ausgiebigerer Stärkung mit Vorteil sich hingeben kann. An dieser Stelle teilt sich die Bahn: links läuft der Strang der Harzquerbahn auf der Hochebene weiter über Elend und Sorge (absit omen!) nach Benneckenstein, von wo sie dann langsam wieder absteigt, rechts zweigt sich die eigentliche Brockenbahn ab, welche, die Ostecke der Hohneklippen umfahrend, bald wieder ansteigt. Nach Überschreitung des Wormketals öffnet sich von der Höhe der Feuersteinswiesen wieder ein weiter und schöner Blick über die breiten Wellenzüge der großen Unterharzebene, und dann halten wir im Walde bei der Station Schierke. Sie liegt 80 m hoch über dem Dorfe, von dem man nichts sieht und zu dem neben einem steilen Fußwege eine weitgewundene Fahrstraße hinabführt.

Es geht weiter durch Wald, der nun immer schöner, hochgebirgsmäßiger wird und von Granitblöcken durchsetzt ist, an der Lehne des Erdbeerkopfes und des Ahrensklints, dann an der Südostecke des Renneckenbergs hin. Wir überschreiten im Bogen die Senkung zwischen diesem und der Heinrichshöhe und steigen jetzt an deren Südhange selber empor; jetzt sind wir im engsten Brockengebiet, die großen Windungen um die Kuppe beginnen, und damit entfaltet sich Aussicht über Aussicht, immer wechselnd und immer sich steigernd, immer überraschend, in überwältigender und wahrhaft verwirrender Fülle. Man genießt das ganze Brokkenpanorama Stück für Stück und eben, weil in Stücken, mit viel packenderer

Wirkung. Es ist gar nicht zu leugnen, die Eisenbahn hat den Brockenbesuchern etwas ganz Neues erobert, das früher nicht vorhanden war. Jeden einzelnen Punkt, den die Bahn berührt, konnten rüstige Bergwanderer – aber auch nur solche – wohl sonst schon erreichen, aber das Neue ist der wirbelnde Wechsel, der schier wie ein Wunder wirkt.
Zunächst wird in tiefer Einbiegung das Eckerloch überschritten, die tiefe Schlucht des Schluftwassers, die die Heinrichshöhe vom Königsberge trennt; hinter uns tritt plötzlich die Brockenkuppe fast erschreckend nahe und machtvoll hervor, dann vor uns das Dorf Schierke, reizend ins Tal gebettet, ein entzückendes Bild; die Südostecke des Königsberges, der Schluftkopf wird umfahren, dann in längerer Linie sein Südwesthang bestrichen, und das Tal der Kalten Bode und die Berge dahinter marschieren auf, einer nach dem andern, der Barenberg mit den Schnarcherklippen, der Große und Kleine Winterberg und hinter diesen, sie alle überragend, der gewaltige Wurmberg, die spitze Kuppe der Achtermannshöhe, nun das Gebiet der großen Moore, der Rehberg, der Bruchberg; und nun wieder eine Wendung um die Nordwestecke des Berges dicht unter den Hirschhörnern hin; wir erkennen das Torfhaus und das Sonnenberger Wegehaus, die Hopfensäcke und die Quitschenbergklippen, dann die Okertalberge, die Schalke dahinter, die Harzburger Gegend – und dann sind alle diese Augenblicksbilder plötzlich verschwunden. Die Bahn durchbricht in tiefem Hohlweg das große Moor der Senkung zwischen Königsberg und Brocken und wendet sich ganz nach Osten, im Süden der Kuppe selbst hinziehend – hier wieder ein Blick über das Eckerloch nach Schierke und durch die Talöffnung der oberen Bode auf die weite Hochebene; bei der Senkung der Heinrichshöhe eine Wendung nach Norden und mehr und mehr nach Westen; der Nordrand des Harzes tritt in die Erscheinung, Wernigerode mit dem Schlosse, Ilsenburg, Harzburg; wieder die Schalke, Bruchberg und Rehberg, auch der lange Acker –, und die Dampfpfeife ertönt, Station Brokken ist erreicht. Noch ein kurzer Weg zum Turme und zum Hause – nicht immer ein ganz leichter bei Sturm und Wetter – und das Ziel ist errungen, und man kann sich von den schweren Anstrengungen der Maschine bei Bier oder Champagner gebührend erholen.

Auf der Brockenbahn

Eine Plauderei aus dem Jahr 1907 von Hermann Löns

Vater Brocken macht ein großes Haus; Pfingstsonntag hatte er allein zweitausend Menschen zu Tisch, und zum Frühstück und Tee und Abendessen mindestens dreimal so viele ... Heute wird es sicher wieder dort oben laut und lustig; jetzt schon, zum ersten Zuge, strömt es in Wernigerode, der bunten Stadt, von allen Seiten heran, und der Zug, der da um die Ecke gefaucht kommt, ist reichlich besetzt; die Fenster sehen von all' den bunten Hüten wie die Auslagen von Blumenhandlungen aus. Seitdem die Bahn geht, kann jeder Asphalttrotter zum Brocken, und die seltsamsten Völker bekommt man zu Gesicht, sogar einen Mann in Gehrock und Zylinder, der eine so blaue Halsbinde um hat, daß einem die Augen überlaufen, sieht man sie an. Gelbe Schuhe hat er auch an und eine Bonbonhose von zärtlich hellgrauer Farbe. Er ist selbstverständlich aus Berlin und findet während der Fahrt alles ganz nett ... Daß ein Gesangverein nicht fehlt und daß er während der Fahrt andauernd in vierstimmiger Weise seinen Gefühlen Ausdruck gibt, versteht sich von selbst.

Ich sitze in meiner Ecke und rauche meine Pfeife. Da mein Lodenanzug fleckig und geflickt ist und ich geschmierte Schuhe anhabe und ein waldfarbiges Jagdhemd, hält man mich für einen Jagdaufseher und bietet mir Zigarren an, damit ich das Pfeifenrauchen lasse, und als ich sagte: „Ja sind es denn Importen? Andere rauche ich nicht!" werden die Gesichter länglich, denn wir fahren dritter Klasse. Wer zweiter Klasse auf den Brocken fährt, ist ein Geschäftsreisender ... Neben mir sitzt ein baumlanger, bildschöner alter Herr mit silbernem Vollbart und hellblauen Augen und ihm gegenüber seine Frau, geradeso groß, so hübsch und so gut aussehend wie er. Wir sind bald im Gespräch, über Jagd natürlich. Es gibt jägerische Geheimzeichen. Das lange Messer in meiner Hosennaht, das Fueßsche Kombinationsglas vor meiner Brust genügen uns. Die Frau sagt zu ihm: „Mannche!" Also sind es Ostpreußen. Es fährt sich noch mal so gut, kann man sich gut unterhalten. Ich stecke meine Pfeife fort und hole eine Zigarre heraus und das lange Messer. Der Berliner macht eine krause Stirn. „Zu was haben Se det große Messer?" Ich mache ein ernstes Gesicht: „Für die Bären!" Der Zylindermann bedeckt sich mit einer Gänsehaut: „Jiebt's denn da welche?" Ich nicke: „Jetzt noch nicht, aber später in Massen!" Der Berliner weiß nicht recht, was er aus mir machen soll. Schmierstiefel, mit schwarzem Zwirn oberflächlich genähte Klinken in der Hose, überall Harzflecken, ein Lodenhut mit braunen Striemen, ganz braunes Gesicht, noch bräunere Hände, ein gefährlich langes Messer, ein Rucksack von unbestimmter Farbe, über und über mit Wildschweiß getränkt, sonderbarer Kerl das! Aber er fragt doch noch einmal: „Janz richtige Bären?" Und ich sage ganz ernsthaft: „Nee, aber Blaubeeren!" Da geht er auf die Plattform. – Aber warum trägt er auch einen Zylinder, einen Gevatterrock und einen Schlips, als wenn er Provisionen von einem Augenarzt bekäme, und redet vom Kreuzberg und raucht eine Zigarre von der Sorte, die Hannibal nur ante portas schmökte, und findet alles „janz nett" und entschuldigt sich nicht, wenn er wen auf den Stiefel tritt ...

Meine Ostpreußen lachen, und ich bekomme von der schönen Frau mit den Haaren, so silbergrau wie ein Buchenstamm in der Sonne, einen lustigen Blick. Und dann mache ich die Honneurs der Gegend, denn meine Fahrtgenossen lieben Blumen und Tiere. Hier die goldene Zypressenwolfsmilch an der Böschung, da der blühende Holderbusch, dort die silberne Sauerkleeblüte unter der toten Fichte, und hier eine Kuppe und da ein Hang, und dort drei Stück Wildpret, die als rote Flecke in der grünen Besamung stehen und dem Zug nachäugen. Es ist eine Freude, mit solchen Leuten zu fahren, und auch mit denen, die sonst noch bei uns sind, ein spießig angezogenes Ehepaar mit einem Jungen von vierzehn und einem Mädchen von zwölf Jahren, die alle vier zum ersten Male in diese Wunderwelt hineinfahren und mit feierlichen Gesichtern und glückstrahlenden Augen alles, aber auch alles bewundern, die Fichten und das Wässerchen, die steilen Hänge und die Sonne auf den Kuppen. Vorne aber, auf der Plattform bei den vier Berlinern, geht der Kalauer und die Kognakflasche rund.

„Ist hier Schützenfest?" fragt die kleine Blondgezöpfte in Drei-Annen-Hohne. Fast sieht es so aus. Lauter helle Kleider, bunte Hüte, gelbe Schuhe und Lackschuhe und Chevreaux, und dazwischen Loden und Bergschuhe und himmelhohe Alpenstöcke und Förster in ihren schmucken hechtgrauen Stolberg-Wernigerodischen Joppen und schmalen Hüten mit Bärten aus der Brunftmähne des Hirsches, und hier ein wunderliebes Mädelgesicht unter einem Panama neben einem prachtvollen, von langem, grauem Haar und Bart umrahmten Greisenkopf, und Kulturmädchen, hochgeschürzt und keckäugig, und ein unmögliches Frauenzimmer mit hypertropischen Formen und enormen Waden, und ein Dutzend frische Kerle in langen Strümpfen. Ilfelder Klosterschüler und Kinder, die Blumen feilbieten, und Ansichtskarten und Bier und Kaffee, und in dem Trubel die drei Berliner Zylinder, die sich gar nicht mehr festlich vorkommen und am Büfett schweigend ihr Bitterbier trinken und verächtlich auf zwei Lodenmänner sehen, die Selterswasser und Bouillon trinken und kurze Pfeifen rauchen. Es sind zwei Berliner Maler von Weltruf. Eine Dame in hellveilchenblauer Seide ist auch da. Die wird gut aussehen, wenn der Brocken schlechte Laune kriegt, denn sie hat nur ein Spitzentuch und einen Sonnenschirm bei sich.

Das Abteil, das wir drei erwischen, ist leer, aber nicht lange, denn dann schneit es Backfische, entzückende Backfische, eine immer reizender als die andere (Annen-Hohne war Umsteigestation zum Brocken). Das schnattert und plappert und kichert und lacht und kokettiert nach allen Regeln der Kunst, das heißt nicht mit mir, denn ich sehe ihnen nicht gesellschaftsfähig genug aus, aber mit meinem Fahrtgenossen. Seine Frau freut sich, einen Mann zu haben, der 60 Jahre alt ist und noch Schadenfeuer in Backfischherzen anstiftet; wenn eine Frau das nicht freut, dann ist sie überhaupt keine. Und dann quieken sie alle miteinander los, denn der Zug ruckt an, und die Dame mit den hypertropischen Formen und den enormen Waden und dem viel zu engen und viel zu deutlichen Kleide kommt angejappt, ein ganzes Abendrot über dem Gesicht und dem freigebigen Blusenausschnitt. Und noch einmal quieken die Mädchen, denn die eine, die mit der weißen Wollmütze im hellblonden Wuschelhaare und dem impertinenten Näschen, die flüsterte, aber ziemlich laut: „Sturm im roten Meer!" Ja, Jugend hat keine Tugend, und zwei von den Frechdächsen sehen ganz so aus, als könnten sie auch noch einmal recht komplett werden. Ach ja, was die Jugend kleidet, wirkt später oft ganz anders! Ein Fräuleinchen mit Wogenbluse und glühenden Mandelaugen unter einem Ungetüm von Hut mit blauer Iris schmeichelt: „Laß uns einmal Dritter fahren, Pappi!" und der Pappi geht auf den kapitalen Witz ein, wennschon sein zukünftiger Schwiegersohn, einen kostbaren Hut, Tennisflanell und diskrete Orchidee im Knopfloch, den Einfall mäßig findet. Aber was soll er machen? Heiratet er doch in die schlimmste Konkurrenz hinein, die es in Stabeisen gibt.

Die Bahn keucht bergaufwärts. Die Backfische werden immer stiller; das wilde Granitgetrümmer, die Moorflächen, noch ernster als sonst durch blühendes Wollgras wirkend, die toten, vom Schneesturm zertrampelten Fichten, die unheimliche Wolke, die über den Königsberg herüberzieht, das drückt ihre lustigen Herzen zusammen. Ich schließe das Fenster; der Wind kommt kalt herein, kalt und naß. An der Scheibe bleiben winzige Tropfen hängen; sie bekommen Gesellschaft, die Scheibe trieft, die Sonne ist fort. Im Nachbarabteil ruft einer: „Jemeinheit!" Das ist der Schwiegersohn in spe und weiß Flanell. Die Fichten biegen sich, die Aussicht ist fort, graue Wolkenfetzen fegen über das Moor, aus dem Wind wird ein Sturm. „Schweinerei!" ruft jemand nebenan; das ist der blaubeschlipste Zylindermann. Der ostpreußische Gutsbesitzer neben mir und seine Frau bleiben gelassen: „Fein, so ein Wetter! Das gehört dazu. Und es wird schon wieder aufklären!" Und er schürzt seiner Frau das Kleid auf, hilft ihr in den Lodenmantel, zieht ihr die Kapuze über das Jagdhütchen und macht sich auch regenfest.

Durch einen dicken grauen Brei wühlt sich der Zug, pfeift wie aus dem letzten Loche und hält. Ein tausendstimmiger Angst-, Wut- und Schreckensschrei wird vom Sturm zerfetzt. Hüte fliegen, Umhänge flattern, Röcke wehen, Waden jeder Art enthüllen sich, Schirme verwandeln sich in Tulpen, Blumenhüte werden zu Wasserleichen, Männer fluchen, Kinder wimmern, der Blauschlipsmann setzt hinter seinem Zylinder her, der den Weg nach Ilsenburg einschlägt; der Zylindermann kommt wieder, der Zylinder aber nicht. Wehmütig, wie die Bartflechten an den Schirmtannen, zucken die Sardellen des Berliners über seine Glatze, und seine Rockschöße, naß wie ersäufte Katzen, klatschen auf Halbmast gegen die durchweichten Bonbonhosen.

Endlich ist das Hotel erreicht. Der Hausflur trieft, die Kellner auch; wenn sie acht Beine und sechzehn Arme hätten, sie könnten doch nicht gegen den Hunger und den Durst der Gäste an. Heute abend haben sie Schwielen auf den Trommelfellen,

Plattfüße und eine Kommodenschublade voll Trinkgeldnickel. Die Dame in veilchenfarbiger Seide wird einen Schnupfen haben und ihr Mann eine überlebensgroße Rechnung für einen neuen Quadratkilometerhut, denn dieser ist passé, total passé. Was davon noch da ist, ist nichts als eine schreckliche Erinnerung.
Man trinkt Schnäpse, man trinkt Glühwein, man trinkt Grog, man kaut Schinkenbutterbrote und Wut in sich hinein, schimpft auf die Brockenbahn, den Brocken und, weil man gerade im Schusse ist, auf den Harz im allgemeinen. Und auf einmal: „Hurra!“ und abermals und zum dritten Male. Sie ist da, sie ist wirklich da, die Sonne. Man trinkt Bier, man trinkt Sekt, man schreibt Ansichtskarten, man läuft hinaus, man reißt Brockenanemonen haufenweise ab; man ist glücklich. Nur der Berliner nicht. Der ganze Nimbus ist fort. Was ist der Mann, wenn er keinen Zylinder auf- und eine durchgeweichte Bonbonhose anhat?

Meine erste Brockenfahrt

Erinnerungen an das Kriegsjahr 1943 von Manfred Bornemann

Der Harz zeigt uns sein lachendes Gesicht. Es ist alles so freundlich um uns herum. Es ist Sonntag, und die Menschen wollen zum Brocken hinauf. Man will Krieg und Entbehrung vergessen.
Der Bahnsteig ist voller Leben. Sommerkleider, helle Blusen und feldgraue Uniformen bilden einen farbigen Kontrast. Helles Lachen hört man im Sonnenschein. Da wirken selbst die düsteren Harztannen ganz freundlich. Wir warten in der fröhlichen Menge auf den Brockenzug.
Drüben am anderen Bahnsteig steht der Zug nach Wernigerode. Aus einem der offenen Fenster winkt jemand herüber. Da werden Worte hinüber gerufen, und lachend kommt die Antwort von drüben zurück. Die im Zug wollen hinunter in die bunte Stadt. Wir wollen höher hinauf. Begegnungen in Drei-Annen-Hohne.
Der Bahnhofsvorsteher hat sich unter die Wartenden gemischt. Seine rote Mütze leuchtet wie ein Farbtupfer in der Menge. Da ist plötzlich der tiefe Ton der Dampfpfeife zu hören und läßt die Wartenden aufhorchen. Der Brockenzug. Das kann nur eine der beiden schweren Borsig-Lokomotiven sein, die unter den Betriebsnummern 51 und 52 auf der Brockenbahn im Einsatz sind. Ihre Heimat ist Wernigerode. Da ich im Südharz zu Hause bin, höre ich ihre dunklen Stimmen nur selten. Was für ein Erlebnis, mit solch einer wuchtigen Maschine über die Brockenstrecke zu fahren!
Ich stehe dicht an der Bahnsteigkante, sehe die Lokomotive mit dem Zug langsam näherkommen. Ich möchte doch wissen, welche der beiden Borsig-Lokomotiven hinauffährt zum Brocken. Von weitem erkenne ich die 51 an der Rauchkammertür der dampfenden Maschine. Was verbirgt sich für einen Eingeweihten nicht alles hinter einer Betriebsnummer.
Da höre ich die Mutter rufen. Sie erkennt überall Gefahren und möchte die Kinder bei sich haben, wenn die quirlende Menge den Zug stürmt. Was macht der Bengel auch so dicht an der Bahnsteigkante. Sie ahnt nicht, was für Fragen einen Zehnjährigen bewegen. So muß ich Abschied nehmen von zierlichen Triebwerken, dampfenden Zylindern, rußigen Wasserkästen und dem wuchtigen Kessel, noch ehe der Zug zum Halten gekommen ist, werde in ein Abteil geschoben, das voll lachender und schwatzender Soldaten ist.
Der Zug ruckt an. Das dumpfe Gebrüll der schweren Lok und das Bimmeln des in kurzen Abständen anschlagenden Läutewerks begleiten die Ausfahrt. Die erste abenteuerliche Fahrt meines Lebens in den mir unbekannten hohen Harz hat begonnen!
„Na, kleiner Mann, so jung und schon auf den Brocken?“ Ein breites Soldatenlachen folgt der Frage. Ich schaue verlegen zur Mutter auf, die mit der achtjährigen Schwester zwischen den Uniformierten Platz gefunden hat und die an mich ge-

richtete Frage beantwortet. So kommt man ins Gespräch!
In langsamer Fahrt wird der Zug immer höher hinaufgeführt. Man spürt, wie man herausgehoben wird aus den Wäldern ringsum. Ich verzichte auf einen Sitzplatz, bleibe im Mittelgang stehen, von dem aus ich in das Land unterm Brocken blicken möchte. Sonnige Hänge und dunkle Fichten gleiten vorüber, leuchtende Weidenröschen und roter Fingerhut grüßen von draußen herein. Da ist ein Raunen und Staunen im Abteil.
Das fröhliche Scherzen der Soldaten wird auf einmal von einem Rattern und Dröhnen übertönt, das immer mehr anschwillt. Da tut sich zur Rechten der Berg auf und läßt uns in emsige Betriebsamkeit blicken. Aber nur einen Augenblick, denn der Zug zieht unentwegt weiter, dem Gipfel entgegen. Der Steinbruch am Knaupsholz! Wir sind hier mitten im Granit!
Alle wundern sich, daß der Zug plötzlich hält. Eine ängstliche Natur fragt ins Abteil hinein: „Was ist passiert? Wir halten mitten im Wald!“ Einer unter der gemischten Gesellschaft weiß mehr, er ruft zurück: „Wir sind in Schierke. Drüben am Bahnhofsgebäude steht sogar, wie hoch wir sind: 685 Meter über dem Meeresspiegel!“ Für mich ist das alles aufregend.
Ich wundere mich, wie wenig die Soldaten von all diesen Dingen da draußen berührt werden. Sie haben in den letzten Kriegsjahren genug gesehen, haben Not, Tod und Zerstörung in verwüsteten Ländern und fremden Städten erlebt. Für sie ist die Brockenfahrt nur eine Abwechslung von einem Lazarettaufenthalt. Ihre Gespräche beziehen sich auf Heimat und Familie, selbst in dieser erhabenen Brokkenlandschaft. Nach dem Woher und Wohin und nach dem Zuhaus wird gefragt. Wir haben die große Schleife im Eckerloch noch nicht erreicht, da hat es sich meine kleine Schwester schon auf dem Schoß eines der Soldaten bequem gemacht. Der Familienvater in Uniform mag in diesem Augenblick an seine eigene Tochter denken.
„Wann bekommen wir den Brocken zu sehen?“ wird die Schaffnerin gefragt. Sie wird von den Landsern bestürmt, umworben und verehrt, hat kaum Zeit, sich der vielen Fragen zu erwehren. Doch sie lächelt. Sie ist in ihrer dunkelblauen Uniform der Mittelpunkt im Abteil. Die flinken Bewegungen, mit der sie die ihr entgegengehaltenen Fahrkarten locht, werden mit aufmunternden Worten bedacht. Wer nach dem Brocken gefragt hat, bekommt zur Antwort: „Warten Sie, bis wir aus dem Eckerloch heraus sind, dann schauen Sie von dieser Seite zurück! Sie haben Glück, Sie haben gute Sicht!“

Als die freundliche Schaffnerin das Abteil verläßt, macht sich eine Weile Enttäuschung in den eben noch so fröhlichen Soldatengesichtern breit.
Da rauscht es unter uns. Über Granitblöcke schießt das Schluftwasser zu Tal, wild und voller Kraft. Es kommt oben vom Brockenmoor. Hinter dem Eckerloch wird alles heller: die Landschaft unter dem Königsberg und die enttäuschten Gesichter der Uniformierten. Die Sonne hat sich nicht versteckt. Der Blick über die Bergwelt ist unendlich weit. In der inzwischen erreichten Höhe macht sich heftiger

Wind bemerkbar, der durch den niedrigen Baumbestand fegt.
Plötzlich ruft jemand im Abteil: „Der Brocken!“ Man drängt zum Fenster, um hinaufzuschauen. Ganz deutlich ist oben auf der flachen Kuppe der schlanke Sendeturm neben dem langgestreckten Hotel zu erkennen. Da haben sogar die Landser ihre unterhaltsamen Gespräche vergessen und drängen ans Fenster und auf die Plattform.
Die niedrigen Fichten zwischen den Granitblöcken bieten kaum noch Schutz. Der heftige Wind rüttelt an den Fensterscheiben und jagt den Qualm aus der Lokomotive über die mit Heidelbeergestrüpp bewachsenen Hänge. Nach langsamer Fahrt steht der Zug plötzlich, und draußen wird „Goetheweg!“ ausgerufen. Ein paar Wanderer steigen ein, ein paar steigen aus.

Die Fahrt auf dem letzten Abschnitt der Strecke ist verwirrend. Hatten wir weiter unten den Brocken noch auf der rechten Seite gesehen, so blickt der kahle Riese jetzt von links zum Fenster herein. Versteckte er hinter dem Königsberg noch in respektabler Entfernung sein Haupt, so ist er nun zum Greifen nahe. Der Blick über die Fichtenwälder des Oberharzes läßt uns eben noch an ein grünes wogendes Meer denken, da sind wir schon mitten drin im Moor, und zerzaustes und verkrüppeltes Knieholz zwischen Moorgras und Bülten nimmt unsere Aufmerksamkeit in Anspruch. Es ist still geworden im Abteil. Jeder möchte im Vorbeifahren etwas von der ungewöhnlichen und unberührten Landschaft erhaschen. Doch bald ändert sich erneut das Bild: zwischen Rundlingen aus Granit behaupten sich zähes Gras und Blaubeerkraut, dahinter trotzt der hohe Fernsehturm der Witterung. Da stehen auch Wanderer im Wind, rufen und winken. Ein jeder ahnt nun, daß wir dem Ziel nahe sind. Niemand hat jetzt noch die Ruhe, zu reden, zu scherzen, zu schauen. Sobald der Zug im Bahnhof Brocken ist, drängt man hinaus, als hätte man keine Zeit zu verlieren. Die lustige Gesellschaft, die im Abteil so schnell zusammengefunden hat, drängt ohne Halt auseinander. Schon auf der Plattform des Wagens wird man mit Wucht gepackt. Wind und Kälte fallen über den ahnungslosen Brockenbesucher her. Unvorbereitet sieht sich der Ankömmling der rauhen Witterung ausgesetzt. Ein jeder kämpft sich mit wehender Kleidung vorwärts, versucht hinter Granitmauerwerk im Stationsgebäude Luft zu schöpfen.
Der Wind wird zum Sturm. Auf dem Weg vom Bahnhof zu den Gebäuden auf der flachen Kuppe wütet er in der Schar der Brockenbesucher. Die Gebäude aus heimischem Material – sie sind aus Holz und Granit und auf Fels gebaut – erscheinen mir wie Wehrburgen, die sich im Kampf mit Wind und Wetter behaupten müssen. Der himmelhohe Sendeturm steht unerschütterlich im Sturm neben dem niedrigen Wolkenhäuschen und kündet von der neuen Zeit.

Gemeinsam mit Mutter und Schwester strebe ich dem Hotel zu, das Schutz verspricht. Drinnen in der lärmenden und quirlenden Menge fühlen sich alle geborgen. Unter ausgelassenem Volk haben wir gesessen und gegessen, haben wir uns von der gehobenen Stimmung der Menschen einfangen lassen. Weitab von den

Schauplätzen des Krieges vergißt man hier oben den Haß, dem wir entrückt sind. Wie gern wäre ich hinausgestürmt und hätte zwischen Teufelskanzel und Hexenaltar auf die Welt herabgeschaut und mit Vater Brocken Zwiesprache gehalten. Doch es sind nur Stunden, die uns bleiben und freimachen von der Pflicht, die die Volksgemeinschaft jedem Volksgenossen auferlegt hat. Der Zug wartet schon und bringt uns zurück. Aber den Hauch der Freiheit, Ungezwungenheit und Grenzenlosigkeit, der über die Gipfel wehte, spüre ich immer noch.

Vom Zauber der Walpurgisfahrten

Ein Rückblick zum 50jährigen Jubiläum der Bahn aus dem Jahr 1949
von Richard Otterbach

Jawohl, dem Frühling bist Du enge verbunden, alte, liebe Harzquerbahn. Ist doch er es – gewissermaßen Dein stiller Gesellschafter –, der alljährlich auch Deine Hoffnung, Deine Lebensenergien, Deine Arbeit neu belebt. Mit dem Erscheinen des Frühlings und der Sonne pflegt ja auch der Strom der Reisenden wiederzukehren, der Deine Kassen wieder füllen soll, denn – ehrlich – in des Winters grauen Tagen zehrtest Du immer von dem Überschuß des Sommers. Wie pulst dann das Leben in der Werkstatt, wenn es gilt, Lokomotiven und Wagen wieder für den Hochbetrieb fertig, schmuck und blitzblank hinzustellen, bereit, auch den heftigsten Stoß- und Spitzenverkehr zu bewältigen.
Erinnert Ihr Euch, liebe Wernigeröder, des traditionellen Walpurgiszuges? War es nicht Euer Frühlingsvolksfest, wenn am 30. April nachmittags der lange, geschmückte Zug, gefüllt mit jauchzenden Teufeln und Hexen, mit allerlei lockerem Volk und Musikanten, schwarze Höllensöhne auf der Maschine, vom Hauptbahnhof aus die „Zindeln“ entlangfuhr und als erster Brockenzug des Jahres seine frühlingstolle, jeder Eisenbahnverkehrsordnung hohnlachende Fracht auf den Spuren des Dr. Faust hinaufführte, auf des Blocksberges luftiger Höhe den Winter zu verbrennen und den Frühling willkommen zu heißen? Ja, Frühling und Harzquerbahn gehören zusammen!
Kein Betrieb im Harzgau ist unseren Bergen und Wäldern enger vermählt, keiner dem Geschehen, Leben und Weben in des Harzes Städten und Dörfern inniger verbunden, als die Harzquerbahn. „Harzquerbahn“, so taufte Dich der Volksmund, treffend wie so oft. Das Wort blieb bestehen, wurde „offiziell“ und schließlich Telegrammwort. Wer in Mitteldeutschland und darüber hinaus kennt Dich nicht? Millionen müder, abgehetzter Großstädter führtest Du seit 50 Jahren hinauf in der Berge Herrlichkeit, schenktest Freude, Kraft und neuen Willen, wurdest sicherer Führer zu ungeahnten Wundern unserer Berge und Wälder.

Der Brocken liegt mitten in Deutschland

Reiseeindrücke aus dem Jahr 1951 von Heinz Klemm

Das Wetter war diesig, als wir die Brockenbahn bestiegen. Immerhin blieb uns, nach den vorausgegangenen Erkundigungen, einige Hoffnung, es könne auf dem Gipfel dafür um so herrlicher werden. Wir freuten uns darüber, daß wir nicht mehr nötig hatten, auf dem Maulesel, zu Pferd oder zu Fuß die Brockenreise anzutreten, wie es vor der Jahrhundertwende üblich war, als noch keine Eisenbahn hinauffuhr. Auch war es auf der hinteren Plattform des letzten Wagens recht unterhaltsam. Wir teilten sie mit anderen Brockenfahrern, mit einer gesprächigen Bauersfrau und einem quicklebendigen Ferkel im Sack. Frau und Schweinchen stiegen in Schierke aus.

Die Lokomotive keucht. Eins zu dreißig ist das Steigungsverhältnis an der steilsten Strecke der Auffahrt. Wir haben auf unserer Plattform die Natur in fast greifbarer Nähe; neben uns schäumt die Holtemme zu Tal über große Granitbrocken, die sie fleißig glattpoliert. Steinerne Renne heißt sie hinter Hasserode. In den Wäldern liegen blankgeschälte Fichtenstämme verstreut, als wären sie Streichhölzer . . . Unsinn, es sind Stämme und keine Streichhölzer. Angehende Telegrafenmasten oder Grubenhölzer vielleicht – aber Helga gefällt der Vergleich viel zu gut: sie rechnet; sie rechnet hartnäckig aus, wie riesig der Riese sein müßte, der solche Hölzer in einer Streichholzschachtel bei sich trüge. Das Erlebnis habe ich vergessen – nur die Taillenweite des Riesen blieb haften: genau zwei Komma sieben Kilometer . . . Am Rande des Hochwaldes stehen jetzt mannshohe Fingerhüte, still und stolz schauen sie unserer Brockenfahrt nach. Die Bahn windet sich in immer größere Höhen, es wird Zeit, sich eine Jacke überzuziehen.

Ein älterer Arbeiter ist zugestiegen, im blauen Sonntagsanzug. Er gefällt uns, und wir, wie es scheint, gefallen ihm auch. Man schließt schnell Freundschaft bei einer gemeinsamen Brockenfahrt. Gestern schon ist er zu Fuß nach dem Gipfel unterwegs gewesen, erzählt er, aber er ist wieder umgekehrt, weil ihm der Weg zu steil wurde. Er saugt an seiner Zigarre und berichtet nicht ohne Stolz, daß ihn die Persilwerke Genthin zu einem kostenlosen Erholungsurlaub in den Harz geschickt haben.

Von uns möchte er gern wissen, wie die vielen Berge heißen, von denen bei jeder neuen Biegung immer wieder andere sichtbar werden. Ja, wie heißen sie alle? Der mit der Sprungschanze zum Beispiel ist der Wurmberg, und wir fügen hinzu, daß der schon „drüben" liege, in der britischen Zone. Der Alte macht ein überraschtes Gesicht, dann spuckt er den kalt gewordenen Zigarrenstummel in das Farnkraut am Bahndamm und schweigt. Es ist schwer zu begreifen, daß durch die Geschlossenheit der bewaldeten Harzberge unsichtbar die dreimal verfluchte Grenze verläuft, die Deutsche von Deutschen trennt.

Immer kälter wird es. Auch hat der Hochwald seine Herrlichkeit verloren und

geht in die Knie. Schließlich kann man ihn gar nicht mehr Wald nennen; die wenigen Bäume, die auf moorigem Boden stehen, sind niedrig, bemoost, zerzaust und verkümmert. Sie stehen da wie alte Weiblein, die zeitlebens nichts als Not und Hunger gekannt haben und nun im Alter gebückt sind und eigenwillig. Wie ganz anders müssen sich ihre Genossen im Hochwald fühlen, die Stamm an Stamm auf gutem, festem Grunde emporwachsen!
Nebelschwaden streichen über das Moor; aus den Heidelbeerbüschen taucht eine Gruppe junger Pioniere auf und begrüßt fröhlich lärmend den Zug. Ihre Münder sind so blau wie ihre Halstücher. Wir werden keinen Fernblick haben. Der nasse, kalte Nebel wird dichter und vermengt sich mit dem Dampf der Lokomotive zu einem hin und her jagenden Brodem. Nur selten ist noch etwas von der Landschaft zu sehen, manchmal die Konturen großer Steinblöcke oder die schemenhaften Umrisse phantastischer Baumkrüppel – dann weht wieder ein Vorhang über das Bild. Der Zug hält, ein unsichtbarer Schaffner ruft „Brocken", wir steigen aus und erkennen weder den Bahnhof noch unsere Mitreisenden, die sofort vom Nebel verschluckt werden.
Sollen wir uns ärgern? Ich bin dagegen. Aus dem Brodem dringen der Lärm von Preßlufthämmern und die Stimmen von Arbeitern. Wir stolpern über einen Steinhaufen nach dem Brockenhotel. Der Gipfel des Berges ist eine Großbaustelle; der Neubau des Hotels steht kurz vor dem Abschluß. In der Halle empfängt uns wohltuende Wärme.

Noch ein letztes Mal zum Brocken

Schilderung einer 1958 unternommenen Fahrt mit der Brockenbahn
von Alfred Schochardt

Ohne den reizvoll-romantischen Schilderungen von Dichtern, wie beispielsweise Hermann Löns, oder alten Harzkennern, wie Hermann von Frankenberg und anderen, den Rang ablaufen zu wollen, möchte ich schildern, wie man in den letzten Betriebsjahren mit der Bahn zum Brocken hinaufgefahren ist. Denn es mag heute nur noch wenige Menschen geben, die die ungemein reizvolle Fahrt mit der Brokkenbahn erlebt haben. Und Fahrten mit der Dampflokomotive werden ohnehin bald der Vergangenheit angehören. Gerade die Traktion mit der Dampflokomotive machte ja für den, der in der Dampflok mehr als nur eine Zugmaschine sieht, die Fahrt inmitten der Berglandschaft erst zum richtigen Erlebnis. Als Harzfreund und Eisenbahnfreund bin ich viele Male die Brockenstrecke mit den alten, munteren Mallet-Lokomotiven wie auch mit den wuchtigen Fünfkupplern hinauf- und hinuntergefahren. Was für eine Freude, dem emsigen Puffen des Triebwerks mit den steil aufschießenden Dampfwolken und den geschäftigen Bewegungen der Treibstangen zuzuschauen! Die unmittelbare Folge enger Kurven gestattet es, auf der Brockenstrecke von jedem Wagenfenster, von jeder Plattform aus, dieses großartige Werk deutscher Ingenieurkunst, dieses technische Schauspiel zu beobachten. –

Neben dem Hauptbahnhof in Wernigerode steht der Brockenzug mit der kraftvollen Lok Nr. 99243 bereit zur Fahrt. Der heftig qualmende Schornstein verrät, daß der Heizer alles darangesetzt hat, in dem dicken, büffelhaft wirkenden Kessel den nötigen Dampfdruck zu schaffen. Dann ein kurzes Aufbrüllen der Pfeife, und dumpfdröhnend quellen die ersten rauchvermischten Dampfwolken kerzengerade in die Höhe. Langsam schlängelt sich der Zug an Häusern und Werksanlagen vorbei. Mehrmals läßt die Maschine ihr dunkles Warnsignal ertönen, wenn eine der Straßenkreuzungen durchfahren wird. Nach wenigen Minuten ist der Bahnhof Westerntor erreicht. Zwischen engen Häuserreihen des langgestreckten Hasserode stampft die Maschine mit viel Geläut und Pfeifen längs des Laufs der Holtemme den Bergen entgegen. Dazu klingt das Klipp-klapp der Drehgestelle mit ihren kurzen Achsabständen. Noch dreimal wird gehalten, ehe der Zug unter Volldampf die erste starke Steigung in der großen Schleife am Auslauf der romantischen Steinernen Renne nimmt. Während des kurzen Aufenthaltes auf der Station, die entgegen aller üblichen Bahnhofsanlagen mitten in einer Steigung von 1:30 liegt, sieht man an den dicken Rauchwolken, daß die Maschine neue Kräfte sammelt für die kommenden Steilrampen. Die scharf angezogenen Bremen lösen sich klappernd. Beim Anfahren dreht die Lokomotive durch, weil die Schienen feucht sind. Dann aber fassen die Räder wieder, und die Rauchsäule verliert und verteilt sich in den Kronen der hohen Fichten.

Jetzt windet sich der Zug, eng an die rechtsseitigen Berghänge geschmiegt, durch düsteren Fichtenbestand. Links tut sich das breit ausladende Drängetal auf. Vereinzelte Kahlschläge erlauben den Blick auf das schon tief unter uns liegende Hasserode, auf das Schloß Wernigerode und den massigen Armeleuteberg. Kurve um Kurve wird genommen. Von Feuer und verbrauchtem Dampf genährt, bleibt die steile Rauchsäule der Lok ständiger Begleiter des Zuges. Emsig drehen sich die kleinen Treibräder, und das Spiel der blanken Kuppel- und Steuerstangen weckt die Freude des Zuschauens. Nach einem kurzem Blick auf den Steinberg östlich des Drängetals sehen wir, wie die Lokomotive hart nach Südwesten einbiegt. Die Einmündung des Thumkuhlentals ist erreicht, das Tal wird in einer weitausholenden Linksschleife durchfahren. Die dichten Fichtenbestände verbreiten Dämmerlicht. Die Zweige der Bäume streifen zuweilen die Wagenwände. Nur wenig ist heute beim Passieren des hohen Bahndammes von dem Straßen- und Bachdurchlaß zu sehen, an dem sich im Juli 1927 der verhängnisvolle Zugabsturz ereignete. Das satte Grün am Bahndamm, der kleine plätschernde Bach lassen kaum etwas von jener schrecklichen Katastrophe ahnen, bei der sechs Menschen ums Leben kamen und viele andere frohe Brockenfahrer schwere Verletzungen davontrugen.

Der Zug hat wieder die Richtung auf das Drängetal eingeschlagen. Nach kurzer Fahrt ertönt wieder das dröhnende Pfeifsignal der Lok durch das stille Tal, und wenige Augenblicke später verschwindet der Zug im Tunnel am Thumkuhlenkopf. Als es wieder hell wird, befindet er sich abermals im Drängetal. Unten auf der Fahrstraße eilen Omnibusse und Autos dahin – die gefährliche Konkurrenz zwischen Wernigerode und Nordhausen.

Eine Kurve reiht sich an die andere. Dann lichten sich die Waldungen, der Blick wird freier, das Stampfen der Lokomotive läßt nach. Die Hochfläche ist erreicht. Ein Weilchen läuft der Zug neben der Autostraße einher, überquert diese unter langanhaltendem Pfeifen und Bimmeln und fährt dann in die Station Drei-Annen-Hohne ein.

Für eine Lok, die einen Zug nach Nordhausen zu befördern hat, ist hier die Hauptarbeit beendet, nicht aber für die unsrige. Während der Wartezeit auf den Gegenzug vom Brocken „kachelt“ der Heizer wieder ein. Als es nach Einlaufen des Gegenzuges weitergeht, beginnt eine Bergfahrt, die als die schönste im mitteldeutschen Raum gilt. Mit voller Steigung schwenkt der Zug in die Hauptrichtung Westnordwest. Über die tief unter uns liegende Strecke Drei-Annen-Hohne bis Nordhausen hinweg sehen wir die qualmenden Schornsteine der Kalkwerke von Elbingerode. An den Steilhängen des Wormketals entlang windet sich die Wagenschlange aufwärts, zur Linken das friedliche Tal, zur Rechten die ersten bizarren Granitblockgruppen. Auf 23 Meter hohem Damm geht es über die Wormkeschlucht. Die Bahn zieht in weit ausholender Nordschleife weiter bergan, gestattet nun einen Blick auf den Wintersport- und Kurort Elend. Zuweilen gibt die Streke auch einen Ausblick auf die gigantischen Hohneklippen frei. Ein neues Tal tut sich

auf, das Elendstal, und im Grunde dieses grünen Waldmärchens liegt tief unter uns der Kurort Schierke. Über die Bergkämme hinweg, weit im Südwesten und schon jenseits der Zonengrenze, blinken die Dächer des höchstgelegenen Harzortes Hohegeiß herüber. Und dann tauchen plötzlich die wuchtigen Granitgebilde der Schnarcherklippen auf.
In einigermaßen gerader Linie verfolgt der Zug nach Passieren der Station Schierke wieder die westliche Richtung. Immer häufiger werden phantastische Felsgebilde aus Granit sichtbar. Die Berge des Westharzes bauen sich nun ganz nah vor uns auf: vorn der Große und Kleine Winterberg, dahinter der Wurmberg. Wir blicken mit gemischten Gefühlen auf diese Berge, denn zwischen ihnen verläuft die breite Waldschneise mit Wachttürmen und Stacheldraht.
Immer höher stampft die Lokomotive mit ihrer langen Wagenreihe. Der hohe Wuchs der Fichtenstämme hat aufgehört. Anstelle von schlanken Fichten sehen wir Bäume von höchstens 6 Meter Höhe in einzelnen Gruppen und Grüppchen, dazwischen immer wieder Granitfelsen und verstreute Blöcke, über die die Rauchfahne der Lokomotive, vom scharfen Wind gepackt, hinwegstreicht. Der Zug nähert sich dem Eckerloch mit seinem grandiosen Dammbau aus groben Granitklötzen. Tief unter uns rauscht das Schluftwasser zu Tal. Hinter der durchs Eckerloch führenden Schleife genießen wir ganz plötzlich den ersten Blick auf den malerisch vor uns liegenden Brockengipfel. Rückwärts rechts taucht für kurze Zeit der Renneckenberg auf, der östlich dem Brocken vorgelagerte Bergriese, dessen mächtige Granittrümmerfelder jeder alte Brockenwanderer in mehr oder weniger guter Erinnerung hat. Zur Linken haben wir nochmals das große Bergtrio des Wurmberges und der beiden Winterberge.
Jeder Freund der Eisenbahn empfindet jetzt noch mehr Hochachtung vor den Erbauern dieser Bahnstrecke. Jeder einzelne der wie von Riesenhand umhergeschleuderten Granitblöcke löst Staunen und Bewunderung aus. Wie haben es die Menschen bewerkstelligt, durch diese Urlandschaft der Schiene den Weg zu bahnen?
Zur Rechten erhebt sich der Königsberg und verhindert den Blick zum dahinter liegenden Brockengipfel, aber nach links kann der Blick frei über den gesamten Westharz schweifen. Die Haltestelle Goetheweg wird erreicht, einstmal der Haltepunkt, an dem die Wanderer aus Harzburg oder Clausthal-Zellerfeld ein- und ausstiegen. Heute fährt der Zug vorbei, denn nur wenige Wegminuten westlich davon ist die Grenze. Daran erinnern der Passierschein in der Tasche und die Volkspolizisten im Zug.
Unser Zug passiert das Brockenmoor, eine grüne Wüste mit umgerissenen, verkrüppelten Fichtenstämmen und faulenden Stümpfen, dazwischen wieder große kantenverwaschene Granitklötze. Der Brockengipfel taucht wieder auf, aber jetzt noch näher und zur Linken. Denn wir fahren in östliche Richtung, erreichen die Spirale, die sich um den Gipfel windet. Großartig und bei klarem Wetter unbeschreiblich schön ist hier das östliche Landschaftspanorama. Wir schauen über

den Renneckenberg hinweg, über die Hohneklippen hinaus auf Wernigerode und Halberstadt. Der gesamte Ostharz liegt frei vor uns. Quedlinburg, Aschersleben, Bernburg sehen wir unter uns, dazwischen Auerberg und Ramberg. Im Dunst ragt weiter südlich in der Ferne das Kyffhäusergebirge auf. Wie ein spitzer Dorn erscheint am Osthang desselben der Turm des Kyffhäuser-Denkmals.
Der Zug zieht die letzte Schleife. In dem Felsbrockengewirr behaupten sich nur noch vereinzelt stehende zerzauste Krüppelfichten. Zum Greifen nah ist nun der Brockengipfel. Man sieht Menschen über die Felsblöcke klettern mit fliegenden Mantelschößen und flatternden Kopftüchern. Wir ahnen, welch ein Sturm uns oben erwartet. Wie von mächtiger Hand geknickt, fegen die Rauchwolken der Lokomotive jetzt knapp über die Trümmerwüste hinweg. Der Brockenwind ist stärker als der Auspuff der Zylinder unserer Maschine.
Noch einmal wiederholen sich in noch größerer Höhe die Bilder des Panoramas. Nach der letzten Streckenwindung läuft der Zug langsam auf das festgefügte Stationsgebäude zu. Wie mit dem Messer abgeschnitten wirbelt der Rauch der zum Stillstand gekommenen Lokomotive von der Schornsteinkante zur Seite, wird vom Brockenwind in Fetzen gerissen und verkriecht sich eilends zwischen den Klüften der Felstrümmer. Wir sind am Ziel! Wir sind auf dem Brocken!

16a. Wernigerode-Nordhausen.

Im Mai, Juni, Septbr. nur an Sonn- u. Festtagen; im Juli u. August täglich.	6^{0}	7^{40}	9^{10}	12^{4}	1^{26}	3^{5}	4^{45}	Im Mai, Juni, Sept. nur an Sonn- u. Festtagen; Juli u. Aug. täglich.	7^{30}	8^{10}	ab	Wernigerode		an	Im Mai, Juni, Sept. nur an Sonn- u. Festtagen; im Juli u. Aug. täglich.	8^{36}	11^{23}	1^{0}	2^{40}	4^{10}	4^{30}	Mai, Juni, Sept. nur an Sonn- u. Festtagen; Juli u. Aug. täglich.	7^{10}	9^{15}	10^{2}	Nur an Sonn- und Festtagen.
	6^{6}	7^{46}	9^{16}	12^{10}	1^{32}	3^{11}	4^{51}		7^{36}	8^{16}	„	Westernthor		ab		8^{31}	11^{18}	12^{55}	2^{35}	4^{5}	4^{25}		7^{5}	9^{10}	9^{57}	
	6^{12}	7^{52}	9^{22}	12^{16}	1^{38}	3^{17}	4^{57}		7^{42}	8^{22}	„	Hasserode I	×	„		8^{25}	11^{12}	12^{49}	2^{29}	3^{59}	4^{20}		6^{59}	9^{4}	9^{51}	
	6^{18}	7^{58}	9^{26}	12^{20}	1^{42}	3^{21}	5^{1}		7^{46}	8^{26}	„	Hasserode II	×	„		8^{20}	11^{7}	12^{44}	2^{24}	3^{54}	4^{16}		6^{54}	8^{59}	9^{46}	
	6^{21}	8^{0}	9^{31}	12^{24}	1^{47}	3^{26}	5^{6}		7^{51}	8^{31}	„	Hasserode-Bahnhof		„		8^{16}	11^{3}	12^{40}	2^{20}	3^{50}	4^{12}		6^{50}	8^{55}	9^{42}	
	6^{28}	an	9^{38}	an	1^{54}	3^{32}	5^{12}		7^{57}	8^{37}	„	Steinerne Renne	×	„		—	10^{56}	—	2^{13}	3^{43}	4^{6}		6^{43}	8^{48}	9^{35}	
	6^{54}	—	10^{4}	—	2^{20}	an	5^{38}		8^{23}	an	an	Drei Annen-Hohne		ab		—	10^{30}	—	1^{24}	—	3^{43}		6^{16}		9^{9}	
	7^{2}	—	—	—	2^{29}	—	Im Mai, Juni, Septbr. nur an Sonn- u. Festtagen; im Juli u. August täglich.		8^{32}	Nur an Sonn- und Festtagen.	ab	Drei Annen-Hohne		an		—	10^{27}	—	Im Mai, Juni, Septbr. nur an Sonn- u. Festtagen; im Juli u. August täglich.	—	3^{41}		—	Nur an Sonn- und Festtagen.	9^{7}	
	7^{17}	—	—	—	2^{44}	—			8^{50}		„	Elend		ab		—	10^{13}	—		—	3^{28}		—		8^{53}	
	7^{47}	—	—	—	3^{16}	—			9^{20}		„	Sorge		„		—	9^{50}	—		—	3^{7}		—		8^{22}	
	8^{6}	—	—	—	3^{34}	—			9^{36}		„	Benneckenstein		„		—	9^{30}	—		—	2^{48}		—		8^{2}	
	8^{37}	—	—	—	4^{5}	—		7^{33}	10^{7}		„	Tiefenbachmühle	×	„		—	8^{54}	—		—	2^{17}	3^{40}	—		7^{28}	
	8^{47}	—	—	—	4^{18}	—		7^{42}	10^{15}		„	Eisfeld. Thalmühle	×	„	an	—	8^{46}	an		—	2^{10}	3^{32}	—		7^{20}	
6^{31}	8^{57}	—	—	12^{0}	4^{23}	—		7^{54}	10^{25}		„	Netzkater	×	„	6^{7}	—	8^{38}	11^{22}		—	1^{53}	3^{14}	—		7^{3}	
6^{35}	9^{1}	—	—	12^{4}	4^{27}	—		7^{58}	10^{29}		„	Thalbrauerei	×	„	6^{3}	—	8^{24}	11^{18}		—	1^{49}	3^{9}	—		6^{59}	an
6^{45}	9^{11}	—	—	12^{14}	4^{37}	—		8^{7}	10^{37}	12^{0}	„	Ilfeld		„	5^{58}	—	8^{17}	11^{11}		—	1^{42}	3^{2}	—		6^{52}	11^{55}
6^{55}	9^{21}	—	—	12^{24}	4^{47}	—		8^{17}	10^{46}	12^{10}	„	Niedersachswerfen	×	„	5^{45}	—	8^{4}	11^{0}		—	1^{32}	2^{50}	—		6^{40}	11^{45}
7^{0}	9^{28}	—	—	12^{29}	4^{52}	—		8^{22}	10^{51}	12^{15}	„	Crimderode	×	„	5^{40}	—	7^{59}	10^{55}		—	1^{28}	2^{45}	—		6^{35}	11^{40}
7^{8}	9^{34}	—	—	12^{37}	5^{0}	—		8^{30}	10^{59}	12^{28}	„	Altenthor	×	„	5^{32}	—	7^{51}	10^{47}		—	1^{21}	2^{37}	—		6^{27}	11^{32}
7^{15}	9^{41}	—	—	12^{44}	5^{7}	—		8^{37}	11^{6}	12^{30}	an	Nordhausen		ab	5^{25}	—	7^{44}	10^{40}		—	1^{15}	2^{30}	—		6^{20}	11^{25}

16b. Drei Annen-Hohne-Brocken.

Mai, Juni, Sept. Sonn- u. Festt., Juli u. Aug täglich	7^{0}	10^{35}	2^{30}	3^{50}	Mai, Juni, Sept. Sonn- u. Festt., Juli u. Aug. täglich.	5^{40}	ab	Drei Annen-Hohne	an	Mai, Juni, Sept. Sonn- u. Festt., Juli u. Aug. täglich.	10^{15}	2^{15}	3^{30}	6^{15}	Mai, Juni, Sept. Sonn- n. Festt., Juli n. Aug. täglich.	8^{25}
	7^{21}	10^{55}	2^{47}	4^{10}		6^{7}	„	Schierke	ab		9^{58}	1^{58}	3^{13}	5^{58}		8^{8}
	8^{0}	11^{34}	—	4^{49}		6^{46}	an	Brocken	ab		9^{11}	1^{11}	—	5^{10}		7^{26}

Der erste Fahrplan der Harzquerbahn und Brockenbahn nach der Routenkarte des Harzklubs aus dem Jahr 1899 Reproduktion: M. Bornemann

Die Brockenbahn bei Schierke nach einer Zeichnung von Karl Reinecke-Altenau um 1920
Reproduktion: M. Bornemann

Festlichkeiten zu Silvester und Walpurgis im Brocken-Hotel wurden zur Tradition und auf Sonderprospekten angekündigt
Reproduktion: M. Bornemann

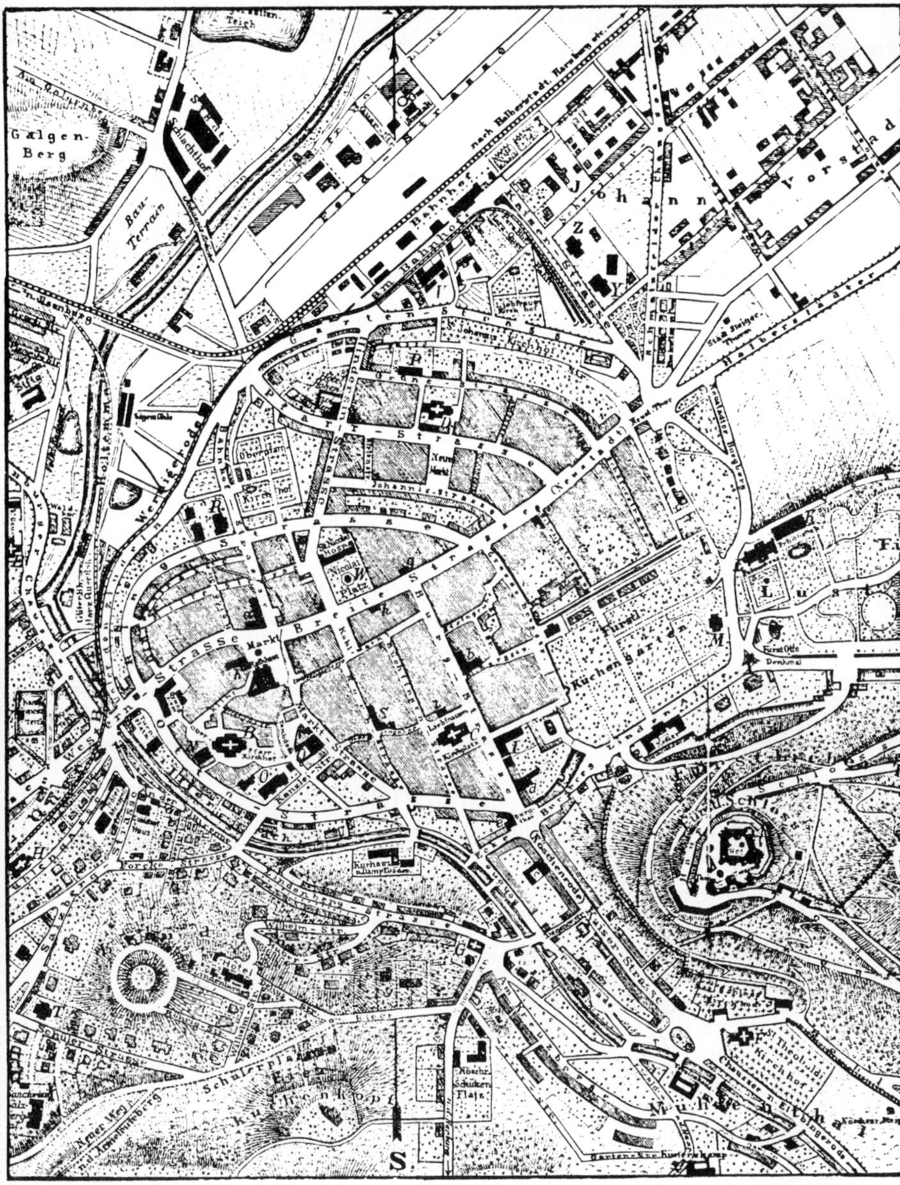

Stadtplan von Wernigerode mit dem alten 1939 stillgelegten Harzquerbahnhof an der Kaiserstraße
Reproduktion: M. Bornemann

Reisedienst der Nordhausen-Wernigeroder Eisenbahn

1930 **Nr. 2**

Ein herzliches Willkommen im Harz!

unseren Gästen aus Holland.

Mögen unseres Harzgebirges Wälder und rauschenden Bäche Ihnen Freude ins Herz gießen und Ihnen Erholung bringen. Möge der Blick vom Gipfel des ehrwürdigen Bergvaters Brocken in das deutsche Land Sie mehr und mehr diesem Lande als Freunde gewinnen, die gerne zu ihm, dessen Gastfreundschaft von Alters her gerühmt wird, zurückkehren.

Künden Sie Ihrer Heimat von des Harzes urwüchsiger Schönheit und helfen Sie dadurch neue Bande der Freundschaft knüpfen zwischen **Holland und Norddeutschlands schönstem Waldgebirge.**

Wernigerode, im Juli 1930.

Bergheil!

Nordhausen-Wernigeroder Eisenbahn-Gesellschaft.
Die Direktion.

Auch die Leitung der Generale ruft gern hier am Platze

ein Wort des Willkommens

allen Teilnehmern entgegen, die auf dem Gipfel von Deutschlands bekanntestem Berge zusammengekommen sind.

Möge Vater Brocken, wie die Landeskinder den Berg gern nennen, in Ihnen denselben Geist wecken, wie er widerklingt in zahllosen Schriften von Bewohnern aller Herren Länder, die um die Wette das Lob singen von dem urkräftigen, sich hoch über alle andern Gipfel erhebenden Berg mit seiner unvergleichlich schönen Aussicht.

Die Leitung der Harz-Generale.

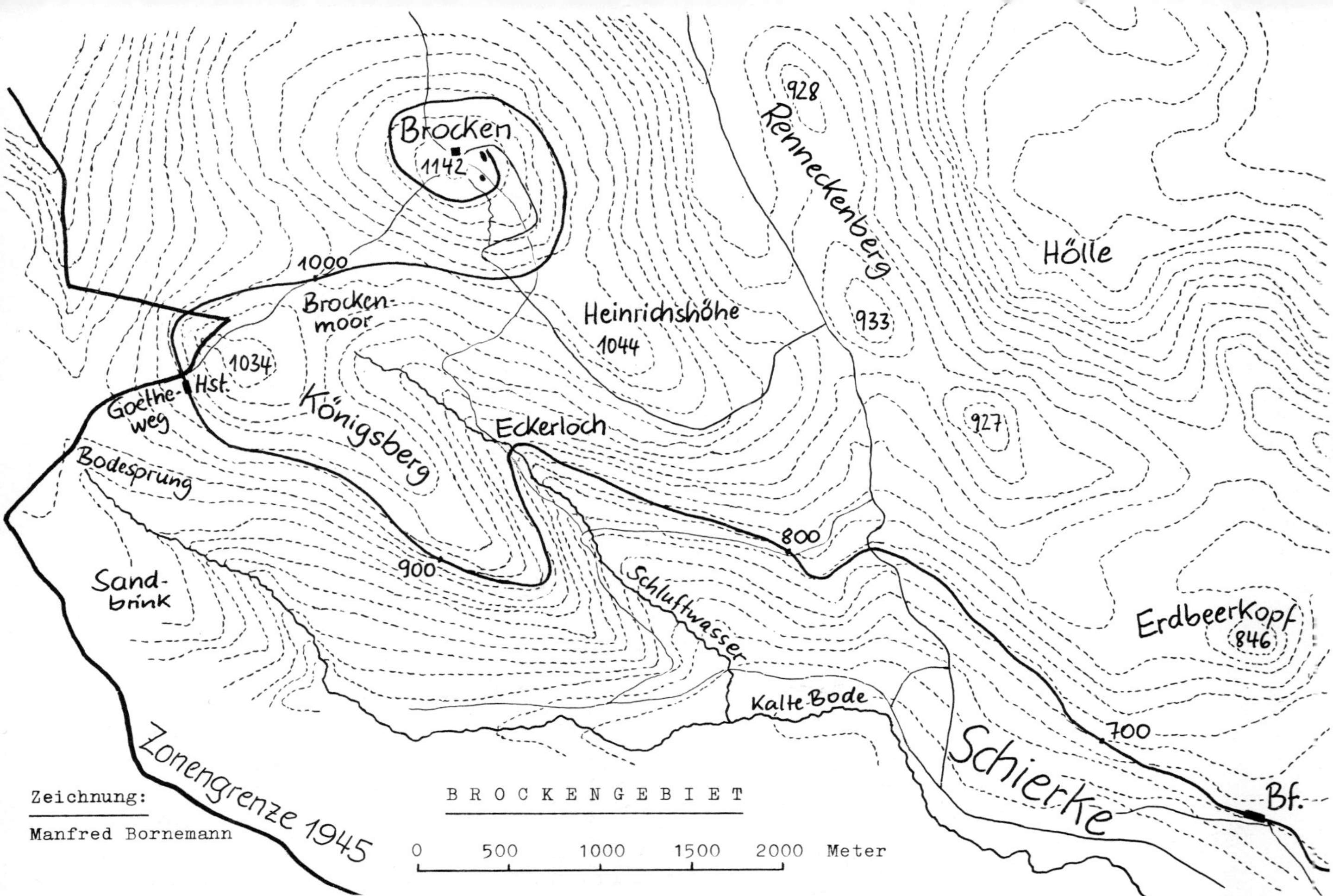
Brocken
1142
1000
Brockenmoor
1034
Hst.
Goethe-weg
Königsberg
Bodesprung
Sandbrink
900
Eckerloch
Heinrichshöhe
1044
928
Renneckenberg
933
Hölle
927
800
Schluftwasser
Kalte Bode
Erdbeerkopf
846
700
Schierke
Bf.
Zonengrenze 1945
Zeichnung:
Manfred Bornemann
BROCKENGEBIET
0 500 1000 1500 2000 Meter

DER BROCKEN IM JAHR 1943

Zeichnung: Manfred Bornemann

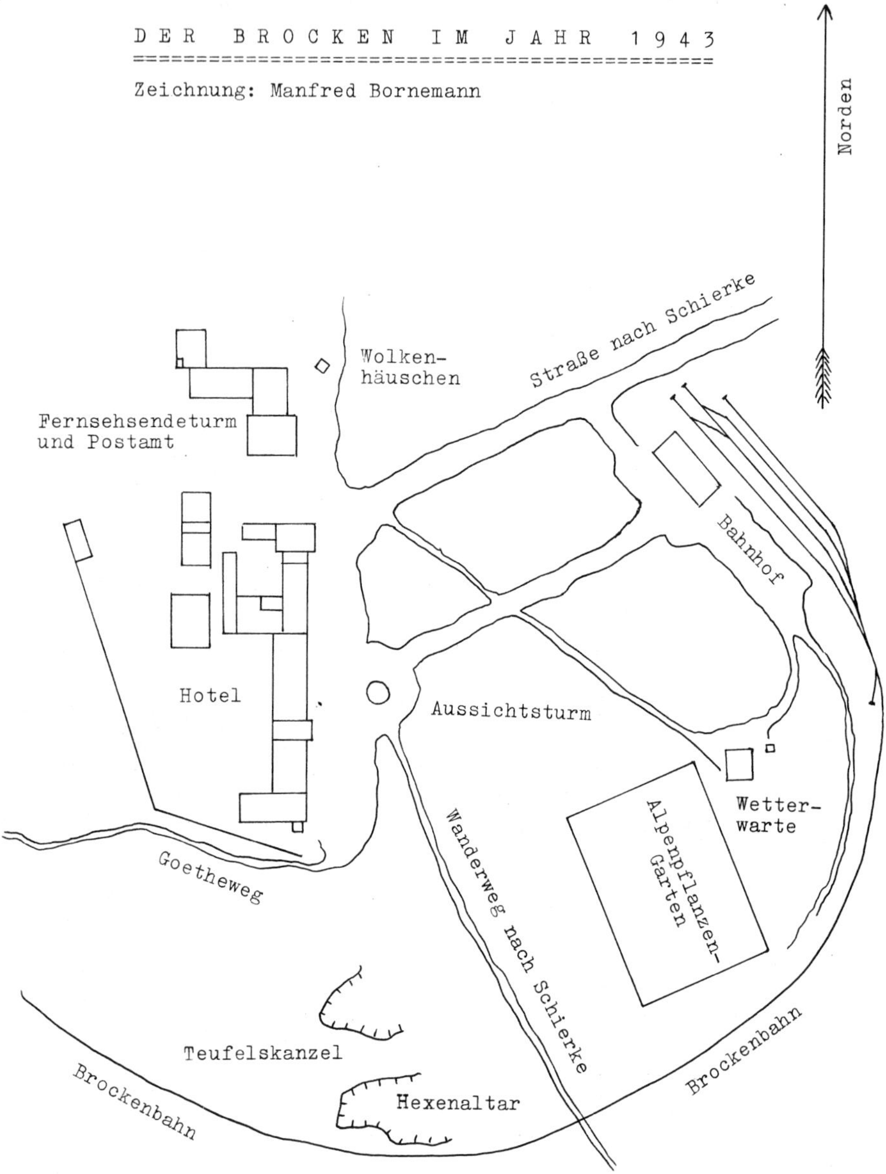

Bahnhof Brocken um die Jahrhundertwende Foto: Sammlung Rolf Birnbaum

Der Soldatenstein am Königsberg Foto: Archiv M. Bornemann

Brockenzug mit Vorspann im Eckerloch vor dem Ersten Weltkrieg
Reproduktion: Alfred Schochardt

Eine der Baulokomotiven, die im Rangierdienst eingesetzt wurden, nach einer Aufnahme von Carl Bellingrodt, August 1932

Foto: Eisenbahn-Archiv Hans Dorner

Stationsgebäude und Gleisanlagen auf dem Brocken liegen unter meterhohem Schnee begraben
Foto: Sammlung Rolf Birnbaum

Der Brocken im Winter vor dem Ersten Weltkrieg
Ansichtskarte: Sammlung M. Bornemann

Die Ausschaufelung der Geleise der Brockenbahn.
Nach einer Aufnahme des Hofphotographen Maeßer in Wernigerode.

Das freigefegte Geleise der Brockenbahn.
Nach einer Aufnahme des Hofphotographen Maeßer in Wernigerode.

Arbeiter beim Freischaufeln der verschneiten Brockenstrecke um das Jahr 1910 nach Fotos von Friedrich Maeßer Reproduktion: M. Bornemann

Beim Fotografen auf dem Brocken im Jahr 1912 von links nach rechts: Zugführer Hermann, Schaffner Burchhardt und Vorsteher Reußmann von der Brockenbahn
Foto: Archiv Gerhard Reußmann

Mallet-Lokomotive (Betriebsnummer 21) vor Gepäckwagen Nr. 156 (mit Postabteil) und Personenwagen nach der Ankunft im Bahnhof Brocken um die Jahrhundertwende
Ansichtskarte: Sammlung M. Bornemann

Zug im Brockenmoor auf der Talfahrt Ansichtskarte: Sammlung M. Bornemann

Zug am Königsberg auf der Fahrt ins Eckerloch Ansichtskarte: Sammlung M. Bornemann

Zug am Beerberg mit Blick auf Hasserode Ansichtskarte: Sammlung M. Bornemann

Der Rohbau des neuen Observatoriums im September 1913. Der steinerne Bau mußte in seinem oberen Teil mit Holz verkleidet werden. Links die meteorologische Station aus dem Jahr 1895.

Ansichtskarte:
Sammlung M. Bornemann

Die Bahnhöfe in Wernigerode um das Jahr 1930: Links das Empfangsgebäude der Reichsbahn, rechts das der Harzquerbahn und Brockenbahn

Foto: Sammlung Uwe Jackisch

Luftaufnahme vom Brockenhotel um 1930 Ansichtskarte: Sammlung M. Bornemann

Bahnhof Brocken, Brockenhotel und Wolkenhäuschen aus dem Flugzeug aufgenommen um 1935 Ansichtskarte: Sammlung M. Bornemann

Die Brockenbahn bei Schierke im Winter 1937/38 nach einem Foto von B. Spahn
Foto: Eisenbahn-Archiv Hans Dorner

Der 1936 erbaute Bahnhof Wernigerode-Westerntor mit Triebwagen T2 vor Personenzug auf der Fahrt in den Harz Ansichtskarte: Sammlung Uwe Jackisch

Die von der Firma Fried. Krupp, Essen, im Jahr 1939 gelieferte Lokomotive nach einem Foto von Werner Hubert Foto: Eisenbahn-Archiv Hans Dorner

Vorderansicht einer sechsachsigen Mallet-Lokomotive der Harzquer- und Brockenbahn nach einer Aufnahme von Carl Bellingrodt im August 1932 Foto: Eisenbahn-Archiv Hans Dorner

Vorderansicht einer vierachsigen Mallet-Lokomotive der Harzquer- und Brockenbahn nach einer Aufnahme von Carl Bellingrodt im August 1932
Foto: Eisenbahn-Archiv Hans Dorner

Walpurgiszug im Bahnhof Wernigerode am 30. April 1929 nach einer Aufnahme von Hans Rudolphi
Foto: Archiv M. Bornemann

Vierachsige Mallet-Lokomotive (Betriebsnummer 12) geschmückt zur Walpurgisfahrt
Foto: Eisenbahn-Archiv Hans Dorner

Die Brockenbahn im Thumkuhlental um 1930 Foto: Archiv M. Bornemann

Aussichtsturm, Fernsehsender und Eingang zum Brockenhotel um 1940
Ansichtskarte: Sammlung M. Bornemann

Observatorium und Fernsehsender um 1940

Ansichtskarte: Sammlung M. Bornemann

Brockenzug am Königsberg, im Hintergrund der Brocken mit Fernsehsendeturm und neuer Wetterwarte nach einem Foto von Ulrich Bornemann um 1940

Ansichtskarte: Sammlung Uwe Jackisch

Zug P 100 nach der Ankunft im Bahnhof Brocken nach einer Aufnahme von Carl Bellingrodt im August 1932 Foto: Eisenbahn-Archiv Hans Dorner

Zug P 101 vor der Ausfahrt im Bahnhof Brocken nach einer Aufnahme von Carl Bellingrodt im August 1932 Foto: Eisenbahn-Archiv Hans Dorner

Blick von der Heinrichshöhe zum Brocken nach einem Foto von Ulrich Bornemann, Sommer 1938 Ansichtskarte: Sammlung M. Bornemann

Knieholz und Wolkenbildungen am Brocken nach einem Foto von Ulrich Bornemann Ansichtskarte: Sammlung M. Bornemann

Bahnhof Schierke um das Jahr 1900 nach einem Foto von Ernst Rose
Archiv der „Wernigeröder Zeitung“, Stadtallendorf

Zug der Brockenbahn mit Lok Nr. 13 oberhalb von Schierke um das Jahr 1940 nach einem Foto von Ulrich Bornemann
Archiv der „Wernigeröder Zeitung“, Stadtallendorf

Blick vom Brocken nach Süden auf Brockenbahn, Königsberg und Wurmberg, Sommer 1938, nach einem Foto von Ulrich Bornemann

Ansichtskarte: Sammlung Uwe Jackisch

Die Wetterwarte auf dem Brocken im Sommer 1952

Ansichtskarte: Sammlung M. Bornemann

Die Wetterwarte auf dem Brocken
im Winter 1958

Ansichtskarte:
Sammlung M. Bornemann

Zug im Brockenmoor auf der Fahrt zum Brocken, Sommer 1954
Ansichtskarte: Sammlung Uwe Jackisch

Zug mit Neubaulokomotive unterhalb des Brockens, Sommer 1958
Ansichtskarte: Sammlung Uwe Jackisch

Das Brockenhotel im Sommer 1957, Westseite, mit Sendemast
Foto: Archiv M. Bornemann

Quellennachweis

1. Bombös, Gerhard (Hrsg.): „Wernigeröder Zeitung". Mitteilungsblatt der Wernigeröder in der Bundesrepublik Deutschland seit 1954. Stadtallendorf, Krs. Marburg/Lahn
2. Bornemann/Dorner: „75 Jahre Harzquerbahn und Brockenbahn", Clausthal-Zellerfeld 1975
3. Dennert, Friedrich: „Geschichte des Brockens und der Brockenreisen", Braunschweig 1954
4. Dörschel, Wolfgang: „Der Einfluß der Oberflächengestaltung auf die Linienführung der Strecke Wernigerode–Brocken" in Ztschr. „Der Operative Dienst", Heft 5/1958, Berlin (Ost) 1958
5. Flemes, Bernhard: „Vom grünen Rauschen", Goslar 1922
6. Grosse, Walther: „Geschichte der Stadt und Grafschaft Wernigerode", Wernigerode 1929
7. Hoffmann, Hans: „Der Harz", Leipzig 1899
8. Jacobs, Eduard: „Der Brocken" in „Die Provinz Sachsen in Wort und Bild", Leipzig 1900
9. Kieper/Preuß/Rehbein: „Schmalspur-Archiv", Berlin (Ost) 1980
10. Klemm, Heinz: „Harzreise im Sommer", Dresden 1952
11. Koch, Rudolf: „Geliebter Brocken" in „Harz-Berg-Kalender 1981", Clausthal-Zellerfeld 1980
12. Löns, Hermann: „Auf der Brockenbahn", Braunschweig 1920
13. Lucks, F. Wilhelm: „Adolf Rettelbusch, der Brockenmaler" in „Harz-Berg-Kalender 1956", Clausthal-Zellerfeld 1955
14. Otterbach, Richard: „Das 50jährige Jubiläum der Harzquer- und Brockenbahn". Unveröffentlichtes Manuskript. Wernigerode 1949
15. Pörner, Ernst: „Der Brocken im Harz", Wernigerode 1956
16. Schade, Rudolph (Hrsg.): „Der Brocken", Braunschweig 1926
17. Schochardt, Alfred: „Der Harz und seine Eisenbahnen", Dortmund 1969
18. Schultze, Max: „Frühlingsarbeiten auf der Brockenbahn" in „Der Harz", Ztschr. des Harzklubs Heft 4/1910, Quedlinburg 1910
19. Stark, Wilhelm: „Das 25jährige Jubiläum der Harzquer- und Brockenbahn" in „Der Harz", Ztschr. des Harzklubs, Heft 6/1924, Magdeburg 1924
20. Vorwerk, Dietrich: „Harzluft", Schwerin 1908